la pointe d'un couteau,
pourraient rester dans les cavités
Dans ces conditions, les truffes
tez-les dans une casserole, mouillez
sec, ajoutez un peu de sel

GNOQUIS, TRUFFES.
une pincée de persil haché. Versez
avec des croûtons de pain, frits au beurre.
Croûtes aux truffes
ayant l'épaisseur (dess. 242). — Coupez des tr
de 2 centimètres
854. Truffes à la
Choisissez quelques
dans l'eau, brossez avec

Les textes et les recettes sont de Jean-Marc SIMONETTI et Stéphane GLACIER.

Les photographies sont de SAEP/Jean-Luc SYREN et Valérie WALTER *sous la direction artistique de* Jean-Luc SYREN.

La coordination a été assurée par SAEP/Éric ZIPPER.

Composition et photogravure : SAEP/Arts Graphiques.

Impression : Union Européenne.

Conception : SAEP CRÉATION
68040 INGERSHEIM - COLMAR

recettes simples pour produits d'exception

Osez le Luxe

ÉDITIONS Dormonval CH - LUCERNE

très facile — facile — difficile

économique — peu coûteux — cher

Nombre de personnes pour lesquelles la recette est prévue.

Temps de préparation nécessaire.

Durée de cuisson totale.

Temps de repos.

La cuisine de luxe se veut éternelle et vient célébrer les instants joyeux de la vie. Pour honorer ses amis, sa famille, quoi de mieux qu'un mets d'exception cuisiné avec goût et avec soin.
Tous ces ingrédients tant convoités, comme le homard, le foie gras, le champagne, la truffe, doivent être cuisinés dans un respect constant du produit, sans en étouffer la saveur avec des épices ou des mélanges de parfums abusifs. Pour tous ces trésors de la gastronomie, une cuisson exacte, un assaisonnement simple et précis, un accompagnement juste et équilibré assureront une réussite totale.
Les piments, épices et autres condiments nuisent souvent à la qualité des produits nobles utilisés dans cet ouvrage. La simplicité est en cuisine l'amie du produit noble car elle ne fait que l'embellir et le mettre en valeur.

Dans cet ouvrage, vous trouverez un éventail de recettes plus délicieuses et luxueuses les unes que les autres. Certaines très simples, d'autres un peu plus compliquées mais toutes pleines de saveurs et de parfums remarquables. De la truffe au caviar en passant par la langoustine, les huîtres ou le foie gras, vous trouverez là un véritable festival de notre si belle gastronomie et de ses joyaux. Des amuse-bouches en verres, des entrées, des plats et des desserts à faire succomber les plus gourmets et les plus passionnés des gastronomes. Tous en cuisine et à table pour vivre de grands instants gourmands !

LES CONSEILS DES CHEFS

L'excellence en cuisine dépend de plusieurs éléments. L'un d'entre eux et non des moindres est la qualité des produits et des matières utilisées. La recommandation première concerne les achats. Pour tous les produits, faites vos achats chez des spécialistes et non chez des généralistes. Du gibier, des fruits de mer, des crustacés, du foie gras, de la truffe, du champagne, il existe de tout à tous les prix. Adressez-vous à des experts qui vous conseilleront sur les meilleures variétés, les origines les plus reconnues, les meilleurs morceaux. La France est le parc naturel mondial des petits artisans de talent qui œuvrent chaque jour avec passion et qui vous proposeront les produits les plus goûteux, les plus frais, les plus authentiques.

L'autre conseil majeur est de travailler des produits de saison frais. La fraise, la Saint-Jacques, l'huître et tous les autres ont des saisons de prédilection. Cessons de vouloir manger de tout toute l'année. Respectons les saisons.

Avec gastronomie rime œnologie. L'accord des vins et des mets contribue très largement à la réussite d'un repas. Un grand nombre d'idées reçues viennent souvent contrarier des accords audacieux et judicieux. Un sancerre rouge sur un crustacé ou un maury sur un foie gras viendraient surprendre bien des passionnés. Cependant des grands classiques régaleront toujours des grands connaisseurs.

Il faut aussi s'attacher aux détails importants. Servir des mets bien chauds ou bien frais selon le cas, exécuter des cuissons précises et adaptées aux produits concernés sont indispensables. Une Saint-Jacques ou un filet de sole trop cuits viendraient gâcher tout un plat, voire un repas. Aussi, il faut faire attention à bien conserver les produits et les mets pour les servir dans leurs conditions optimales de fraîcheur, bien filmer et protéger les produits qui risqueraient de sécher : poisson, viande. Laisser salades, légumes et autres champignons bien respirer en les sortant de leur emballage avant de les placer au réfrigérateur.
Outre ces quelques conseils, la première qualité pour exceller en cuisine est d'être avant tout très gourmand !

DES PRODUITS DE RÊVE

LA TRUFFE

La truffe, appelée aussi diamant noir, est un champignon souterrain. On l'apprécie pour son parfum. Elle est la signature en cuisine du luxe et de l'excellence. Le chêne ou le noisetier sont les principaux arbres qui produiront de la truffe noire. On peut également parfumer des aliments en les laissant enfermés au contact de la truffe : l'huile, les œufs. Elle est souvent servie sous forme de copeaux et accompagne toutes sortes de mets. L'huile de truffe est elle aussi assez répandue dans la grande cuisine.
La truffe d'été est aussi appelée truffe de la Saint-Jean. Sa peau est noire et sa chair est blanche veinée de noir. Sa récolte se fait de mai à septembre. Son goût prononcé de champignon et sa texture croquante apportent craquant et saveur à vos plats.

LA COQUILLE SAINT-JACQUES

La coquille Saint-Jacques est un mollusque. On distingue en France une vingtaine d'espèces que l'on trouvera dans la Manche et en Méditerranée. La grande fraîcheur de la coquille Saint-Jacques est indispensable pour avoir un goût remarquable et une texture irréprochable. Il est conseillé d'avoir 5 ou 6 coquilles Saint-Jacques au kilogramme pour avoir des noix de belle taille. De plus en plus dans la cuisine moderne, on utilise la noix de Saint-Jacques sans le corail. Il existe une multitude de façons de travailler et de cuisiner la coquille Saint-Jacques. La cuisson est une phase essentielle et précise dans la façon de préparer ce mets. Un excès de cuisson donnerait une chair très élastique, beaucoup moins moelleuse et nuirait à la saveur.
La coquille Saint-Jacques est très utilisée dans la cuisine asiatique. Elle occupe une belle place dans cet ouvrage et fait partie des produits nobles de la cuisine française.

LA LANGOUSTE

Ce crustacé dépourvu de pince peut peser jusqu'à 5 kg et mesurer jusqu'à 60 cm. On le trouve en Bretagne, en Afrique et aussi en Méditerranée. Sa chair très fine le distingue des autres crustacés. Son goût moins typé que celui du homard, par exemple, est très différent selon les origines. La grosseur de la langouste n'est pas un gage de qualité, bien au contraire. La bonne moyenne est d'avoir des langoustes de 600 à 700 g et de les servir pour 2 personnes. Plus on restera naturel dans la façon de préparer ce mets, plus on fera ressortir la finesse de la chair et sa qualité gustative. La langouste est le produit noble par excellence dans la catégorie des crustacés.

LE HOMARD

Le homard vit dans des fonds rocheux et aime aussi les fonds sableux, où il est susceptible de trouver son alimentation. Deux variétés de homards se distinguent : le canadien et le breton. Il faut impérativement des homards vivants et les cuisiner rapidement pour qu'ils n'aient pas le temps de se vider. Plus vous cuisinerez le homard simplement, plus vous ferez ressortir les saveurs. Sa carapace est très intéressante au

niveau du goût pour confectionner les sauces. Les homards femelles contiennent du corail très précieux, on l'utilise pour donner du goût et de la couleur aux sauces. Il faut veiller à ne pas trop cuire les homards pour ne pas avoir une chair élastique. Attention à acheter des homards bien pleins, la référence en matière de qualité est le homard breton. Sa chair est plus goûteuse mais plus ferme que celle de la langouste.

L'HUÎTRE

C'est un aliment très riche en fer et très peu calorique. Il en existe une multitude de variétés en France comme à l'étranger. Certaines sont petites, très peu grasses et charnues. D'autres sont beaucoup plus grosses et laiteuses. Initialement, les huîtres se dégustaient crues et froides accompagnées de citron ou de vinaigre. Aujourd'hui, il est assez courant de les servir cuites et chaudes. Il est indispensable de les acheter très fraîches. La consommation d'huîtres atteint des sommets au moment des fêtes de Noël. On distingue en France sept grands bassins ostréicoles. L'ostréiculture en France a connu des heures difficiles et aurait tendance à aller un peu mieux. Sur l'île de Ré, par exemple, quelques parcs ont connu des restructurations importantes et se portent plutôt bien.

LE CHAMPAGNE

Le champagne est produit uniquement dans la région du même nom. Il est la véritable boisson consommée pour les célébrations des événements de la vie. Pour toutes les boissons fabriquées avec la méthode champenoise mais produites dans d'autres régions, l'appellation champagne est interdite. La région où est produit le champagne avec ses domaines et ses caves est un vrai passage obligé dans l'itinéraire touristique français. La cuisine et la pâtisserie au champagne sont assez peu répandues car il est très difficile de faire ressortir son goût dans un mets. Les vrais amateurs de champagne l'aiment nature. Ce vin nous est envié dans le monde entier.

LE FOIE GRAS

Le foie gras est l'un des mets les plus synonymes de fêtes et de luxe. Il en existe de toutes les qualités, pour tous les goûts et à tous les prix. Sa qualité et sa fabrication sont assez souvent galvaudées. On distingue deux variétés de foies gras : le canard et l'oie. Il faut utiliser des foies gras assez petits pour avoir des foies de qualité qui ne fondent pas trop à la cuisson. Le sud-ouest de la France est la région la plus connue pour la production de foie gras. Les vins blancs doux et sucrés l'accompagnent parfaitement. Il est consommé cuit en terrine ou au torchon, servi froid ou bien poêlé chaud en escalope. Il peut être nature, truffé, à la figue, à la pomme...

LE CAVIAR

Le caviar est l'or noir de la gastronomie. On distingue deux provenances majeures, le caviar iranien et le caviar russe. Trois variétés existent, le caviar oscietre, le caviar beluga et le caviar sevruga. Ce sont des œufs d'esturgeons, rares et très recherchés. Ce mets d'exception est non seulement savoureux mais en plus très décoratif. Il existe un caviar de prestige, 10 kg seulement sont récoltés dans le monde par an : il s'agit du caviar or de la couleur du soleil. Le caviar accompagne grand nombre de mets. Il est la signature du prestige et du luxe. Rare et très cher, il est réservé aux grandes tables et aux grandes occasions.

BEURRE BATTU LÉGER

4 10 3

125 g de beurre mou
10 cl d'eau minérale.

Mettre l'eau à bouillir et incorporer progressivement le beurre très froid coupé en morceaux en fouettant rapidement.

Ce jus très intéressant peut être citronné ou bien parfumé selon votre goût.
Exemple : l'anis, le safran.

BEURRE BLANC

4 10 3

100 g d'échalotes épluchées
3 cuil. à soupe de vinaigre blanc (de vin blanc de préférence)
2 cuil. à soupe d'eau minérale
125 g de beurre mou
Sel, poivre du moulin.

Hacher finement les échalotes et les faire bouillir avec le vinaigre et l'eau.
Laisser frémir à feu moyen pour faire évaporer le liquide.
Veiller à garder les échalotes largement humides.
Mettre la casserole au bain-marie et incorporer le beurre ramolli en petits morceaux en fouettant.
Saler et poivrer.

Il est préférable de faire cette sauce au dernier moment afin qu'elle soit servie tiède.

BEURRE MANIÉ

4 5

Travailler le beurre tempéré pour le ramollir, puis ajouter la farine pour obtenir une pâte en mélangeant avec une spatule ou bien à la main.

100 g de beurre
100 g de farine.

RÉDUCTION DE
banyuls, muscat

4 5 7

Faire chauffer 15 cl de banyuls ou de muscat à 80 °C.
Faire cuire ensemble le sucre avec 5 cuillerées à soupe d'eau jusqu'à l'obtention d'un caramel clair.
Ajouter progressivement le vin chauffé au caramel, mélanger avec un fouet et redonner un bouillon.
Laisser bien refroidir avant utilisation.

150 g de banyuls ou de muscat
100 g de sucre en poudre.

4 3 5

RÉDUCTION

de vinaigre balsamique

200 g de bon vinaigre balsamique.

Mettre dans une casserole le vinaigre balsamique et le réduire de moitié.

Bien sûr, les réductions peuvent se faire avec une multitude de vins cuits, à savoir : porto, carthagène, sauternes.

4 5

HUILES D'HERBES

Huile de basilic :
50 g de basilic
10 cl d'huile
20 g de pignons de pin
Sel, poivre.

Huile de persil plat :
50 g de persil plat
10 cl d'huile
2 cuil. à soupe de fond de volaille
Sel, poivre.

Pour l'huile de basilic, mettre dans un mixeur le basilic et l'huile, mixer le tout en ajoutant les pignons de pin. Saler et poivrer.

Pour l'huile de persil plat, mettre dans un mixeur le persil plat ébouillanté et bien refroidi avec l'huile et le fond de volaille. Assaisonner.

Pour ces 2 huiles, il est préférable d'utiliser du poivre blanc moulu.

Il faut utiliser des huiles neutres et qui ne figent pas au réfrigérateur : huile de pépins de raisin ou de tournesol.

HUILE DE TRUFFES

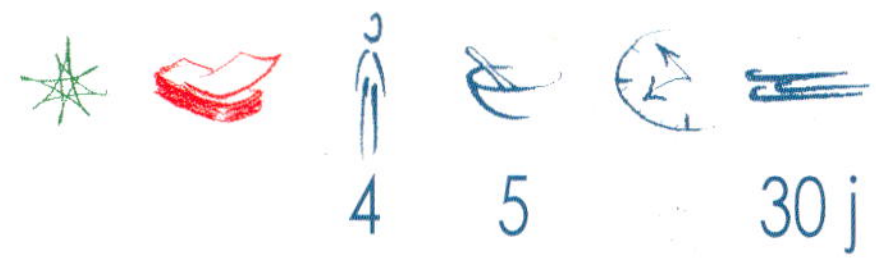

Dans un bocal hermétique, mettre l'huile de pépins de raisin et y ajouter les truffes.
Fermer le bocal et laisser maturer au réfrigérateur pendant 30 jours.
Récupérer l'huile et la congeler en petits pots pour usages divers.
Les truffes seront bien sûr récupérées et également congelées dans du papier d'aluminium pour d'autres usages.

25 cl d'huile de pépins de raisin
2 truffes de 25 g chacune.

BEURRE DE TRUFFES

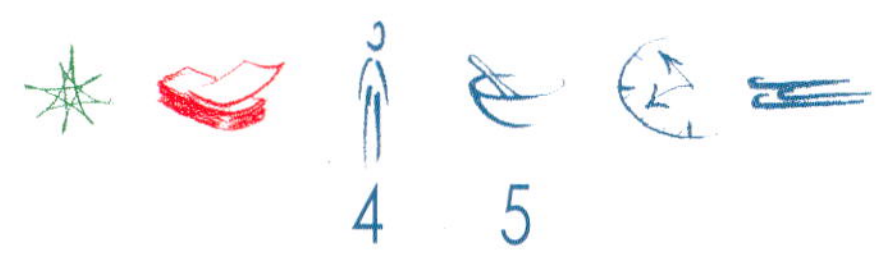

Faire un beurre battu léger et y mettre le jus de truffes et les truffes hachées très finement.

125 g de beurre battu léger (p. 14)
1 cuil. à soupe de jus de truffes
1 grosse cuil. à soupe de truffe hachée très finement.

4 7 30 120

PÂTE À CRÊPES

8 œufs
1 cuil. à café de sucre en poudre
450 g de farine
1 l de lait entier
150 g de beurre fondu
1/2 cuil. à café de sel.

Battre les œufs au fouet. Ajouter le sel et le sucre, mélanger. Ajouter la farine, mélanger de nouveau au fouet. Ajouter progressivement le lait puis le beurre fondu.
Faire cuire les crêpes dans des poêles chaudes huilées.

4 10 4 120

PÂTE À RAVIOLIS

ou à lasagnes

250 g de farine
1 cl d'huile d'olive
3 ou 4 œufs
5 g de sel fin.

Mettre la farine dans un saladier. Faire un puits. Saler. Ajouter l'huile d'olive. L'incorporer puis mélanger les œufs un par un en travaillant doucement la pâte. Cette pâte devra rester ferme mais malléable. Filmer la pâte et la laisser reposer 2 heures au réfrigérateur.

Attention pour le quatrième œuf. Suivant la qualité de la farine, il se pourrait qu'il ne faille qu'un demi-œuf.

TIPO LUSSO SP150
TORINO

GLACE DE VEAU

4 10 60

1 l de jus de veau (ci-dessous).

Faire réduire le jus de veau jusqu'à en obtenir 25 cl.

La glace de veau pourra accompagner de nombreuses préparations de viandes blanches ou rouges.

JUS DE VEAU

8 10 4 h

1 kg d'os de veau
500 g de tendrons
2 carottes
1 poireau
2 oignons en gros dés
2 échalotes
1 gousse d'ail
1 cuil. à soupe de concentré de tomates
1 bouquet garni (thym, persil, laurier).

Dans un plat à four, faire colorer les os et les tendrons à four chaud, à 220 °C (th. 7-8) environ 35 minutes.
Ajouter les légumes (carottes, poireau, oignons) et faire colorer à nouveau au four pendant 20 minutes.
Sortir le plat du four et mettre le tout dans une cocotte. Ajouter les échalotes, l'ail, le concentré de tomates et le bouquet garni. Couvrir largement d'eau et faire cuire à feu doux pendant 3 heures.
De temps en temps, si nécessaire, ajouter un peu d'eau.

Congeler en petites quantités de façon à en avoir toujours sous la main.

FUMET DE POISSON

8 10 25

Dans une casserole, faire revenir les arêtes et les têtes dans le beurre fondu chaud, mettre les légumes et le persil, colorer légèrement. Ajouter le vin blanc, laisser cuire 2 minutes. Ajouter 1 l d'eau et assaisonner. Laisser cuire à feu moyen pendant 20 minutes. Réserver au réfrigérateur.

Afin d'en avoir toujours sous la main, cette préparation peut se congeler par petites quantités.
Il est préférable d'utiliser la sole, le turbot, la lotte, tous les poissons blancs hormis les poissons bleus.

1 kg de têtes et d'arêtes de poisson
150 g de beurre
1 carotte
1 oignon émincé
1 échalote émincée
Quelques queues de persil
50 cl de vin blanc ou de champagne
10 grains de poivre.

JUS DE CRUSTACÉS

4 20 60

Faire revenir dans le beurre et l'huile tous les légumes jusqu'à légère coloration, ajouter le concentré de tomates et les carapaces.
Verser le vin blanc, cuire 2 minutes, ajouter enfin 1 l d'eau, le thym et le laurier.
Cuire pendant 1 heure à petit feu et passer la sauce dans une petite passoire fine. Réserver au réfrigérateur.

Pour épaissir et lier ce jus, vous pouvez utiliser de la crème fraîche liquide, de l'huile d'olive ou bien du beurre manié (p. 15).

100 g de beurre
5 cl d'huile d'arachide
2 échalotes hachées
1 carotte
1 oignon coupé grossièrement
1/2 poireau émincé
100 g de concentré de tomates
1 kg de carapaces et têtes de crustacés (homards, crabe, langoustes, écrevisses, gambas)
1/2 l de vin blanc
1 branche de thym
1 feuille de laurier
2 branches d'estragon
Sel, poivre.

4 10 60

CARPACCIO

de Saint-Jacques au caviar

Le jus de 1 citron
5 cl d'huile d'olive
16 jolies noix de Saint-Jacques
15 cl de crème fraîche liquide
1 cuil. à soupe de cerfeuil haché
25 g de caviar
Quelques pluches de cerfeuil
Sel, poivre.

Mélanger le jus de citron et l'huile d'olive.
Enduire au pinceau chaque assiette avec ce mélange de jus de citron et d'huile d'olive.
Escaloper finement les noix de Saint-Jacques et les installer en rosace en les chevauchant légèrement dans les assiettes.
Saler et poivrer légèrement les noix de Saint-Jacques et les badigeonner avec le même mélange huile et citron.
Filmer les assiettes et les garder au frais 1 heure.
Fouetter la crème, ajouter quelques gouttes de jus de citron et le cerfeuil haché.
Décorer les assiettes de petites rosaces de crème fouettée sur lesquelles on aura déposé quelques grains de caviar.
Finir avec quelques jolies pluches de cerfeuil.

4 45 25

PETITES POMMES

rattes farcies au caviar

8 jolies pommes de terre rattes + 300 g
100 g de crème double
Le jus de 1/2 citron
3 cuil. à soupe d'huile d'olive
2 cuil. à soupe de ciboulette hachée
25 g de caviar
2 cuil. à soupe d'huile de persil (p. 16)
Sel, poivre.

Bien laver les 8 pommes de terre et couper les extrémités de façon à leur donner une bonne assise.
Couper les pommes de terre en deux et, à l'aide d'une cuillère à pommes parisiennes, évider l'intérieur de façon à faire une bonne cavité pour pouvoir les remplir.
Cuire les petites boules à l'eau salée avec les 300 g de pommes de terre préalablement lavées et épluchées.
Garder les pommes de terre évidées et les retourner sur un papier absorbant de façon à bien les sécher.
Écraser à la fourchette les pommes de terre cuites. Ajouter ensuite la crème double, la moitié du jus de citron et l'huile d'olive. Rectifier l'assaisonnement.
Mettre en dernier la ciboulette hachée.
Bien mélanger et remplir les pommes de terre évidées. Ajouter par-dessus quelques grains de caviar.
Dresser 4 pommes de terre dans chaque assiette et terminer le tour de l'assiette avec 1 petit cordon d'huile de persil.

4 35 4

RAVIOLIS DE CAVIAR

et saumon fumé

250 g de pâte à raviolis (p. 18)
4 tranches de saumon fumé
25 g de caviar
1 œuf
5 cl d'huile de tournesol
10 cl de fumet de poisson
100 g de beurre frais en cubes très froid
1 botte de cerfeuil
Sel, poivre.

Étaler le plus fin possible la pâte à raviolis et tailler 16 disques de 8 à 10 cm de diamètre. Au centre, poser un morceau de saumon fumé et quelques grains de caviar.
Dans un bol, fouetter l'œuf à la fourchette avec une pincée de sel pour faire la dorure.
Au pinceau, dorer à l'œuf le bord des disques de pâte et bien souder avec les doigts.
Cuire les raviolis dans de l'eau bouillante salée dans laquelle on aura mis l'huile de tournesol. Si la pâte est bien fine, 2 minutes de cuisson suffiront.
Faire bouillir le fumet de poisson et ajouter en fouettant le beurre, saler et poivrer.
Garnir les assiettes de raviolis et mettre autour un cordon de jus.
Décorer avec quelques grains de caviar et les pluches de cerfeuil.

4 15 120

BOUILLON

de volaille

1 kg de concasses et d'abats de volaille
1 bouquet garni
2 carottes
2 oignons
3 échalotes grossièrement émincées
2 clous de girofle.

Mettre tous les ingrédients dans une casserole et couvrir de 3 l d'eau environ.
Cuire le tout 2 heures à feu doux. La préparation doit frémir.
Passer le tout avec une petite passoire et conserver au froid jusqu'à utilisation.

12 5 12 h

SALAGE DU FOIE

gras

Pour 1 kg de foie gras :
15 g de sel
2 g de poivre blanc
2 g de muscade
2 g de sucre en poudre
2 cuil. à café de jus de citron
1 cuil. à soupe de cognac.

Laisser les 2 lobes à plat sur un papier film.
Saler, poivrer, ajouter la muscade et le sucre.
Remettre une feuille de papier film sur les foies salés et retourner sur l'autre face pour recommencer le salage. Passer le jus de citron au pinceau sur le foie et arroser avec le cognac.
Filmer et laisser reposer 12 heures au réfrigérateur.

Le jus de citron passé au pinceau sur toutes les faces aura pour but de donner à votre foie une belle couleur claire.

LE FOIE GRAS
en terrine

6 30 60 12 h

Dénerver le foie et l'assaisonner de chaque côté.
Filmer la terrine puis mouler le foie gras dedans. Mettre en inclusion les truffes au centre de la terrine.
Bien le tasser, filmer et mettre la terrine au réfrigérateur une douzaine d'heures de façon à bien laisser le foie gras s'imprégner du salage et des arômes.
Préchauffer le four à 120 °C (th. 4). Placer la terrine dans un bain-marie à 70 °C. Enfourner et baisser la température du four à 100 °C (th. 3-7). Cuire pendant 50 minutes. Sortir la terrine du four, défilmer le dessus.
Poser sur la terrine une petite planchette ou un carton rigide, enveloppés d'un papier d'aluminium.
Retourner la terrine en tenant la planchette sur le foie pour retirer l'excédent de graisse.
Poser sur la planchette un poids de 1 kg environ et laisser la terrine 24 heures au réfrigérateur avant de la consommer.

1 petit foie gras de 600 g
7 g de sel
2 g de sucre
1 g de poivre blanc
1 râpée de muscade
1 cuil. à café de jus de citron
1 cuil. à soupe de cognac
2 truffes de 25 g.

4 15 12 h

CARPACCIO DE
foie gras citronné

Un joli foie gras de canard d'environ 400 g
Le jus de 1 citron
Quelques gouttes de muscat
Une pointe de noix de muscade
5 cl d'huile de truffe
4 lames de truffe
Sucre
Sel, poivre.

La veille, dénerver le foie. Poser les 2 lobes bien à plat, saler, sucrer, poivrer. Au pinceau sur les 2 faces, y passer un peu de jus de citron et quelques gouttes de muscat. Pour finir, râper une pointe de muscade et parsemer sur le foie.
Mettre ce foie au frais jusqu'au lendemain.
Le laisser revenir à température ambiante de façon à bien le façonner en cylindre dans du papier film.
Attacher avec une ficelle les 2 extrémités et cuire dans de l'eau à 70 °C pendant 10 minutes.
Bien le refroidir et trancher de fines escalopes avec un couteau trempé à chaque fois dans de l'eau bouillante.
Déposer les tranches de foie gras au fur et à mesure sur les assiettes. Passer au pinceau très légèrement une petite vinaigrette faite avec l'huile de truffe et le jus de 1/2 citron.
Décorer les assiettes avec les lames de truffe.

6 15

ÉMULSION DE
betteraves-cubes de foie gras

200 g de betterave cuite
1 cuil. à soupe de vinaigre
4 cuil. à soupe d'huile d'olive
6 cubes de foie gras de canard d'environ 20 g
Sel, poivre.

Mixer la betterave, le vinaigre, l'huile d'olive, du sel et du poivre pour obtenir la consistance d'une soupe mi-épaisse.
Ajouter une pointe d'eau si on trouve que la composition est trop épaisse.
Piquer les cubes de foie gras sur de petits piques en bois.
Remplir aux trois quarts des petits verres et installer à cheval les piques de foie gras.

4 20 10 30 h

LE PRESSÉ DE FOIE

gras grillé aux magrets fumés

1 joli foie gras d'environ 600 g
Deux pincées de sucre en poudre
Une pointe de noix de muscade râpée
1 cuil. à soupe de cognac
Le jus de 1/2 citron
6 à 8 feuilles d'épinard
150 g de magrets fumés tranchés
Sel, poivre.

Dénerver le foie, saler, poivrer, ajouter le sucre, la muscade, le cognac et le passer au pinceau avec le jus de citron.
Enfermer le foie reconstitué dans du papier film et le réserver au frais pendant 6 heures.
Faire des tranches de 1/2 cm et les faire griller 10 secondes de chaque côté. Dans une casserole d'eau salée, faire blanchir les feuilles d'épinard 1 à 2 minutes.
Disposer au fur et à mesure les tranches de foie dans une terrine en intercalant les tranches de magrets fumés et les feuilles d'épinard.
Presser le foie avec une petite planchette en ayant pris la précaution de charger cette planchette d'un poids d'environ 1 kg.
Laisser au frais 24 heures.
Démouler la terrine en la passant sous l'eau chaude.
Couper des tranches de 1 cm environ.

Mettre en assiette en décorant d'une fine salade et d'une cuillerée de réduction de banyuls (p. 15).

4 20 12 10

ÉMINCÉ

de canette fermière, jus de veau au foie gras

25 g de beurre
25 g d'huile de tournesol
2 filets de canette fermière de 250 g pièce environ
10 cl de jus de veau (p. 20)
100 g de foie gras cru
1 petite truffe de 20 g dans son jus
Sel, poivre.

Faire chauffer en casserole le beurre et l'huile. Colorer les filets d'abord côté peau puis côté chair environ 2 minutes de chaque côté, saler et poivrer.
Couvrir la casserole, réduire le feu et cuire environ 8 minutes.
Sortir les filets, les mettre dans du papier d'aluminium de façon à faire reposer les chairs environ 10 minutes.
Préparer le jus en faisant réduire le jus de veau de moitié.
Ajouter en fouettant par petits morceaux le foie gras cru.
Enfin, ajouter le jus de truffe et la truffe en tout petits bâtonnets.
Ne pas oublier d'ajouter à la sauce le jus des filets qui reste dans le papier d'aluminium.
Escaloper finement les filets, dresser en assiette en éventail et saucer les assiettes.

4 40 35

ESCALOPES DE FOIE

gras rôties et coings rôtis

3 beaux coings
200 g de sucre en poudre
1 noix de beurre
1 foie gras de canard d'environ 600 g
1 cuil. à soupe de vinaigre de xérès
Sel, poivre du moulin.

Éplucher les coings. Les couper en six ou en huit en prenant soin de retirer les pépins. Dans une casserole, porter à ébullition 40 cl d'eau et le sucre. Ajouter les coings puis faire cuire 30 minutes à feu moyen. Les égoutter.
Dans une poêle, faire fondre le beurre et faire rôtir les quartiers de coing jusqu'à obtention d'une belle coloration. Réserver.
Couper le foie gras en 4 belles tranches en retirant les plus gros nerfs. Assaisonner les tranches de foie gras des 2 côtés avec du sel et du poivre.
Dans une autre poêle bien chaude, saisir les tranches de foie gras à feu vif 3 minutes de chaque côté.
Retirer les tranches de foie gras de la poêle, les poser sur chaque assiette puis déglacer la poêle avec le vinaigre de xérès. Napper les escalopes avec leur jus de cuisson et accompagner avec les coings rôtis.

4 50 20

GÂTEAUX

de pommes de terre au foie gras et aux girolles

200 g de graisse de canard ou d'oie
600 g de grosses pommes de terre
200 g de foie gras de canard frais
250 g de girolles
Une noix de beurre
Jus de veau (p. 20)
Sel, poivre.

Dans une poêle, faire chauffer la graisse d'oie et faire sauter les pommes de terre épluchées et taillées en forme de tonneau jusqu'à une petite coloration, saler et poivrer.
Couper 4 escalopes de foie gras et les colorer 1 minute de chaque côté dans une poêle antiadhésive bien chaude et sans graisse.
Éplucher et laver les girolles. Les faire sauter dans une poêle avec une noix de beurre. Saler et poivrer.
Les égoutter pour qu'elles soient bien sèches.
Dans 4 petites poêles antiadhésives, monter en cercle comme une tarte aux pommes les tranches de pomme de terre bien chevauchées, poser dessus la tranche de foie, les petites girolles et recommencer l'opération jusqu'à épuisement des ingrédients.
Passer au four chaud, à 200 °C (th. 6-7), 3 ou 4 minutes.
Démouler délicatement sur papier absorbant et dresser en assiette avec éventuellement un cordon de jus de veau réduit.

Pour cette recette, il sera préférable d'avoir 4 poêles à blinis anti-adhésives individuelles, les pommes de terre seront épluchées et taillées en forme de tonneaux de façon à faire ensuite les lamelles rondes ressemblant à des chips.

4 20 15

MOELLEUX DE FOIE

gras chaud, coulis de crustacés

150 g de foie gras cru
150 g de crème fraîche liquide
3 œufs
10 cl de cognac
1 cl de porto rouge
10 cl de coulis de crustacés
20 g de beurre
Sel, poivre du moulin.

Réunir dans un mixeur le foie gras cru, la crème fraîche, les œufs, les alcools. Assaisonner puis mixer.
Beurrer 4 ramequins et verser le mélange pour les garnir aux trois quarts.
Mettre au bain-marie avec de l'eau à 70 °C dans un four à 120 °C (th. 4) environ pendant 15 minutes.
Couvrir d'un papier d'aluminium les ramequins et surveiller la cuisson.
Faire chauffer dans une casserole le coulis de crustacés avec le beurre et laisser frémir 2 minutes à feu doux.
Démouler en assiette creuse avec en pourtour d'assiette le coulis de crustacés.

4 15 6

FOIE GRAS CHAUD

en chapelure de pain d'épice

4 tranches de pain d'épice
8 tranches de foie gras de 50 g
150 g de salade fine mélangée
Vinaigrette légère
Sel, poivre.

Faire sécher les tranches de pain d'épice au four à 180 °C (th. 6) pendant 30 minutes et les écraser pour en faire de la chapelure fine. Mélanger cette chapelure avec du sel et du poivre.
Faire dorer dans une poêle antiadhésive les tranches de foie 1 minute sur chaque face, saler et poivrer légèrement.
Les poser sur du papier absorbant, placer sur chaque tranche de foie un peu de chapelure de pain d'épice.
Faire chauffer le gril du four et gratiner environ 2 à 3 minutes, vérifier la coloration.
Dresser 2 tranches de foie par assiette avec un petit dôme de salade mélangée, assaisonner d'une vinaigrette légère.

6 45 30 300

PAPILLOTE DE CHOU

vert braisé farcie au foie gras

1 foie gras de canard de 600 g environ
1 chou vert
2 l de bouillon de volaille
1 grosse noix de beurre
Sel, poivre du moulin.

Dénerver le foie gras et réserver.
Effeuiller et laver le chou. Blanchir les feuilles de chou dans une casserole d'eau salée bouillante, délicatement, sans les casser, pendant 2 à 3 minutes. Les égoutter puis les sécher sur un torchon propre ou un papier absorbant.
Sur une grande feuille de film plastique, disposer un tapis de feuilles de chou, placer au centre le foie gras puis assaisonner avec du sel et du poivre du moulin.
Former un rouleau, comme un gros saucisson. Serrer le plus possible puis nouer le film alimentaire à chaque extrémité.
Porter le bouillon de volaille à ébullition, y plonger le rouleau de chou au foie gras. Laisser frémir 10 minutes à feu doux puis retirer du feu. Laisser refroidir dans le bouillon pendant 3 heures. Égoutter puis placer le rouleau de chou au foie gras au réfrigérateur pendant 2 heures au minimum. Conserver le bouillon de volaille.
Dans une poêle, faire fondre le beurre puis faire braiser le rouleau de chou au foie gras pendant 5 minutes. Retirer de la poêle, déglacer avec une louche de bouillon de volaille. Trancher le roulcau dc chou au foie gras.
Poser 2 tranches sur des assiettes chaudes puis napper avec le jus de cuisson.

4 30 25

TIMBALES DE

pommes confites au foie gras

4 pommes granny smith (pommes vertes)
50 g de beurre
50 g de sucre en poudre
2 bâtons de cannelle
2 cuil. à soupe de cognac
1 foie gras de canard
Sel, poivre.

Éplucher les pommes, retirer les pépins et les couper en quartiers.
Dans une poêle, faire fondre le beurre puis saisir les pommes. Ajouter le sucre. Quand les pommes sont colorées d'un côté, les tourner dans la poêle puis faire colorer l'autre côté. Ajouter la cannelle.
Cuire en couvrant avec un couvercle jusqu'à ce que les pommes soient cuites. Elles doivent être tendres lorsqu'on les pique avec un couteau. Ajouter le cognac et faire flamber. Réserver.
Sur une planche en bois, couper le foie gras en quatre dans le sens de la longueur pour obtenir comme des escalopes. Retirer les éventuels nerfs ou veines apparents. Saler, poivrer des deux côtés. Faire chauffer une poêle puis saisir les « escalopes » de foie gras.
Dans des timbales en terre cuite, garnir de pommes cuites. Disposer dessus une escalope de foie gras puis la napper avec le jus de cuisson des pommes.

4 30 15 60

LA SOUPE DE CÈPES

aux copeaux de truffes

100 g de cèpes secs de qualité
1 l de lait
50 g de graisse d'oie
2 échalotes
1 gros oignon
50 g de crème fraîche épaisse
Quelques bleuets et capucines comestibles
Lamelles de truffe
Sel, poivre.

Faire tremper les cèpes dans de l'eau tiède pendant 1 heure, bien les rincer ensuite et les mettre dans le lait.
Faire revenir dans la graisse d'oie les échalotes et l'oignon hachés.
Cuire le lait et les cèpes à petite ébullition pendant 15 minutes, ajouter les échalotes et l'oignon revenus, la crème épaisse, sel, poivre et mixer le tout.
Dresser en assiette creuse avec en décor les capucines, les bleuets et des lamelles très fines de truffe.

CRÈME DE MORILLES ET DÉS DE LOTTE

Faire une crème identique à celle de la soupe de cèpes, en remplaçant les cèpes par des morilles, un quart de la recette suffit pour 6 petits verres.
Faire sauter à la poêle 12 petits carrés de lotte bien fraîche, répartir dans les petits verres la lotte et la crème de morilles.
Un petit brin de ciboulette ou de la ciboulette hachée servira de décor.

5 30 45

TARTE FORESTIÈRE

250 g de girolles
250 g de cèpes
250 g de trompettes-de-la-mort
100 g de beurre + 3 noix
2 œufs
1 cuil. à soupe de farine
30 cl de crème fraîche liquide
1 paquet de pâte filo
2 échalotes
1 gousse d'ail
2 cuil. à soupe de persil haché
40 g de gruyère râpé
Sel, poivre du moulin.

Éplucher, couper et laver tous les champignons par variété. Les sécher sur des torchons propres.
Poêler chaque sorte de champignons dans une poêle avec 1 noix de beurre. Une fois les champignons cuits, les rassembler, assaisonner et réserver.
Faire l'appareil à quiche : battre les œufs, saler et poivrer. Ajouter la farine, mélanger puis ajouter la crème liquide. Réserver.
Sur une planche, étaler des feuilles de filo pour couvrir un peu plus que la surface du moule à quiche, beurrer à l'aide d'un pinceau avec le beurre fondu chaud.
Déposer une seconde couche de feuilles de filo puis beurrer à nouveau. Renouveler l'opération encore une fois. Disposer ensuite dans le moule.
Garnir avec les champignons. Verser l'appareil à quiche puis parsemer de gruyère râpé. Cuire 35 minutes à 180 °C (th. 6). Sortir du four. Laisser refroidir et démouler.

6 60 45 85

CROUSTADES

de sot-l'y-laisse aux morilles

150 g de morilles séchées
1,5 l de bouillon de volaille
1 branche de thym
1 branche de laurier
500 g de sot-l'y-laisse
250 g de pâte brisée
130 g de beurre
2 échalotes
1 verre de vin jaune du Jura
70 g de farine
4 cuil. à soupe de crème fraîche
Sel, poivre du moulin.

Faire tremper les morilles dans un récipient d'eau bouillante.
Dans une sauteuse, porter à ébullition le bouillon de volaille avec le thym et le laurier. Ajouter les sot-l'y-laisse après avoir pris soin d'enlever les éventuels petits nerfs et morceaux de gras. Laisser frémir à feu doux pendant 35 minutes.
Étaler la pâte brisée puis la déposer dans un moule à tarte assez haut. Placer sur la pâte une feuille de papier sulfurisé puis remplir le moule à tarte avec des haricots blancs ou des lentilles. Faire cuire 35 minutes à 180 °C (th. 6).
Quand le fond de pâte est bien coloré, retirer du four puis laisser refroidir avant de retirer les haricots blancs et le papier.
Dans une autre sauteuse, faire fondre 30 g de beurre puis faire rissoler les échalotes hachées. Ajouter le vin jaune ainsi que 70 cl de bouillon de volaille après avoir égoutté et réservé les sot-l'y-laisse.
Dans une casserole, faire fondre 70 g de beurre et ajouter la farine pour faire un roux. Ajouter le bouillon de volaille avec le vin jaune et les échalotes. Assaisonner puis ajouter les morilles égouttées et laisser cuire 10 minutes.
Dans une autre sauteuse, avec le reste de beurre, faire rissoler les sot-l'y-laisse et les ajouter à la sauce. Laisser frémir l'ensemble 5 minutes puis verser dans le fond de pâte.
Servir aussitôt.
Servir à la cuillère puis couper ensuite le fond de pâte.

4 40 20 12 h

PETITES COURGETTES

fleur farcies à la mousse de chapon aux morilles

40 g de morilles noires séchées
12 belles courgettes fleur
225 g de filet de chapon
1 œuf + 1 blanc
1 cuil. à soupe de porto
70 g de foie gras cru
10 cl de crème fraîche liquide
70 g de beurre
5 cl d'huile de persil plat
4 cl de vinaigre balsamique
Une jolie truffe d'été
Sel, poivre.

La veille, placer les morilles dans de l'eau tiède. Entrouvrir les fleurs de courgette pour extraire les pistils.
Pour la farce : mélanger au mixeur tous les ingrédients bien froids en commençant par les filets de chapon avec le sel et le poivre. Ajouter les œufs, le porto, le foie gras et la crème. Hacher les morilles après les avoir égouttées puis les faire sauter à la poêle dans 20 g de beurre. Les ajouter à la farce froide. Garnir les fleurs de farce à la poche à douille. Dans une sauteuse, cuire les fleurs de courgette farcies dans 50 g de beurre pendant 20 minutes. Laisser refroidir. Accompagner les fleurs de courgette farcies avec un filet d'huile de persil et un filet de vinaigre balsamique. Décorer avec de la truffe d'été en copeaux.

4 25 50 5

CÔTES DE VEAU

longuement cuites, purée d'asperges truffée

75 g de beurre
10 cl d'huile de tournesol
4 côtes de veau dans le filet de 250 g pièce
1 kg d'asperges
150 g de pommes de terre cuites en robe de chambre
100 g de crème fraîche épaisse
25 g de truffes et son jus
10 cl de jus de veau (p. 20)
Sel, poivre.

Dans une poêle assez chaude, avec 50 g de beurre et 5 cl d'huile, faire dorer les côtes de veau 1 minute sur chaque face.

Finir la cuisson des côtes au four à 150 °C (th. 5) doucement pendant 20 minutes en prenant bien soin de les arroser souvent avec le jus de cuisson de la poêle dans laquelle on les aura fait dorer. Saler et poivrer en fin de cuisson.

Couper la queue des asperges. En garder 8 têtes pour le décor de l'assiette.

Cuire les asperges à l'eau bouillante salée pendant 20 minutes.

Égoutter, mixer et ajouter les pommes de terre ainsi que la crème épaisse.

Redonner une ébullition, rectifier l'assaisonnement.

Ajouter pour terminer la truffe hachée et son jus.

Faire réduire le jus de veau d'un quart et ajouter 25 g de beurre pour le lier.

Dresser en assiette la côte de veau avec la purée d'asperges truffée.

Ajouter un petit cordon de jus de veau pour terminer.

4 15 100

PARMENTIER DE
volaille de Bresse à la truffe

500 g de pommes de terre
1 petite gousse d'ail
70 g de beurre
1/2 verre de lait
1,5 l de bouillon de volaille
3 blancs de volaille de Bresse
2 truffes
75 g de gruyère râpé
Sel, poivre du moulin.

Dans une casserole d'eau bouillante salée, cuire les pommes de terre épluchées avec l'ail 35 à 40 minutes jusqu'à ce qu'elles soient suffisamment cuites pour en faire une purée.
Les égoutter puis les passer au moulin à légumes. Ajouter le beurre et le lait puis assaisonner.
Pendant ce temps, cuire les blancs de volaille dans le bouillon à ébullition. Faire frémir à feu doux pendant 45 minutes après avoir assaisonné.
Effilocher les blancs de volaille. Ajouter les truffes taillées en fines lamelles. Ajouter la purée, rectifier l'assaisonnement puis mélanger délicatement.
Verser dans un plat à gratin. Recouvrir avec le gruyère râpé puis faire gratiner 15 minutes au four à 220 °C (th. 7-8).
Servir aussitôt.

4 25 10

TOURNEDOS DE FILET

de bœuf, crème de truffes et foie chaud

1 cuil. à soupe d'huile
1 noix de beurre
4 tournedos de 180 g dans le milieu du filet
4 tranches de foie de canard de 60 g
10 cl de glace de veau (p. 20)
1 cuil. à soupe de crème double
1 petite boîte de brisures de truffes avec son jus
Sel, poivre.

Dans une poêle bien chaude avec l'huile et le beurre, colorer les tournedos sur chaque face en les laissant bien saignants.
Faire colorer à la poêle les tranches de foie gras sans ajouter de graisse 1 minute sur chaque face, saler, poivrer et mettre sur papier absorbant.
Pour la sauce, mélanger la glace de veau, la crème double, la truffe et son jus. Goûter et rectifier l'assaisonnement.
Passer les tournedos au four chaud, à 200 °C (th. 6-7), afin d'obtenir la cuisson désirée.
Napper chaque tournedos de sauce et déposer dessus la tranche de foie gras.

PETITES CÔTES

d'agneau et leur pomme purée à la truffe

4 40 35

Éplucher les pommes de terre. Les couper en quatre. Les laver puis les faire cuire dans une casserole d'eau salée à ébullition. Cuire jusqu'à ce que les pommes de terre soient tendres lorsqu'on pique avec la pointe d'un couteau.
Égoutter puis passer au moulin à purée.
Dans une casserole, réchauffer la purée obtenue en ajoutant le lait et l'huile d'olive. Assaisonner puis ajouter des copeaux de truffe. Réserver.
Dans une poêle, faire fondre le beurre, puis saisir les côtes d'agneau 3 à 4 minutes de chaque côté. Les retirer lorsqu'elles sont rosées. Déglacer la poêle avec le bouillon de volaille. Laisser réduire 3 minutes.
Dans des assiettes, disposer la purée à la truffe au centre puis trois côtes. Napper avec le jus. Décorer avec un copeau de truffe.

500 g de pommes de terre
3 cuil. à soupe de lait
2 cuil. à soupe d'huile d'olive
1 truffe
1 grosse noix de beurre
12 petites côtes d'agneau (premières)
10 cl de bouillon de volaille
Sel, poivre du moulin.

4 30 10

CURRY D'HUÎTRES

et pommes rattes

16 jolies huîtres creuses
25 cl de fumet de poisson (p. 21)
16 petites pommes de terre rattes
1 échalote
10 cl de bon vin blanc
3 cuil. à soupe de crème épaisse
1 cuil. à café de curry doux
1 cuil. à soupe de persil plat haché fin.

Faire ouvrir les huîtres au four à 180 °C (th. 6). Les laisser environ 4 minutes. Les décortiquer en gardant la coquille creuse.
Cuire les pommes de terre dans le fumet de poisson, les égoutter.
Hacher l'échalote et la cuire dans le vin blanc. Ajouter le fumet de poisson et réduire le tout de moitié. Ajouter la crème épaisse, le curry et le persil haché.
Ranger dans la coquille d'huître creuse les pommes rattes en rondelles, l'huître décortiquée et garnir chaque huître d'un peu de sauce curry.
Afin que les huîtres tiennent bien dans les assiettes, colorer avec du bleu de méthylène (acheté en pharmacie) 1 kg de gros sel.
Faire un petit lit de ce sel dans chaque assiette et poser les huîtres avant de servir.

4 30 10

LE TARTARE

d'huîtres en coquille à l'aneth

16 jolies huîtres creuses bien fraîches
2 tomates
1 petite courgette
1 avocat
1/2 échalote
Persil plat
1 petit bouquet d'aneth
4 cuil. à soupe d'huile d'olive
Le jus de 1/2 citron
2 tours de moulin à poivre.

Mettre dans un plat les huîtres au four à 150 °C (th. 5). Dès qu'elles se seront légèrement ouvertes, les ouvrir et en retirer la chair.
Garder les coquilles les plus creuses et 2 cuillerées à soupe de l'eau rendue par les huîtres.
Peler les tomates, ébouillanter la courgette 5 minutes.
Couper en petits dés tous les légumes et hacher l'échalote, le persil et l'aneth.
Faire la marinade avec l'huile d'olive, le jus de citron, le jus des huîtres, poivrer, ne pas saler.
Couper la chair des huîtres en petits carrés et mélanger à la marinade et à tous les autres ingrédients.
Rectifier l'assaisonnement et remplir le creux des huîtres en y mettant en décor un joli petit brin d'aneth.

Vous pourrez, pour le décor de vos assiettes, faire de la même façon que pour la recette du curry d'huîtres (p. 64).

4 35 35

CRÈME

de chou-fleur et ses Saint-Jacques bardées de lard fumé

Pour la crème de chou-fleur :
1/2 chou-fleur
20 cl de crème fraîche liquide
Une pincée de gros sel
Sel, poivre.

12 noix de Saint-Jacques
6 tranches de lard fumé
Quelques brins de cerfeuil
Sel, poivre.

Éplucher le chou-fleur. Le couper en morceaux puis bien le laver. Faire bouillir une casserole d'eau avec le gros sel puis faire cuire le chou-fleur 15 minutes. Égoutter puis mixer pour obtenir une purée de chou-fleur très fine. Ajouter la crème, saler, poivrer puis laisser frémir 5 minutes à feu doux.
Rincer les noix de Saint-Jacques puis les égoutter et les sécher entre deux feuilles de papier absorbant.
Enrouler chaque noix de Saint-Jacques d'une demi-tranche de lard.
Les poser sur la plaque à four couverte d'une feuille de papier d'aluminium puis faire cuire 5 minutes à 200 °C (th. 6-7) au four.
À la sortie du four, couvrir d'une feuille de papier d'aluminium et laisser reposer 3 à 4 minutes.
Au moment de servir, remplir à moitié des assiettes creuses de crème de chou-fleur puis disposer 3 Saint-Jacques par assiette.
Décorer avec du cerfeuil.

6 15 15

GASPACHO

andalou de Saint-Jacques

1 tomate
1 poivron rouge
50 g de concombre épluché
1/2 gousse d'ail
1 cuil. à café de vinaigre
1 tranche de pain de mie
6 petites noix de Saint-Jacques
3 cuil. à soupe d'huile d'olive
3 feuilles de basilic
Sel, poivre.

Dans une casserole d'eau bouillante, faire blanchir la tomate pendant quelques secondes et la peler. Mettre les poivrons dans un four à 240 °C (th. 8) pendant 10 minutes et les peler.
Passer tous les ingrédients au mixeur.
Dorer rapidement à la poêle les Saint-Jacques à l'huile d'olive.
Répartir le gaspacho et les Saint-Jacques dans les petits verres.
Décorer de feuilles de basilic.

6 45 25

GÂTEAU DE
Saint-Jacques

Pour le gâteau :
1/2 courgette
200 g de noix de Saint-Jacques
4 œufs + 2 jaunes
1 cuil. à soupe de crème fraîche
1 cuil. à soupe de farine
Sel, poivre.

Pour la sauce :
100 g de crème fraîche liquide
2 cuil. à soupe de muscat
Sel, poivre du moulin.

Pour la garniture :
1/2 courgette
2 carottes
3 cuil. à soupe d'huile d'olive
6 noix de Saint-Jacques
6 branches de thym
Sel, poivre.

Couper la demi-courgette en deux. Retirer les pépins du centre. Couper des petits dés dans la courgette. Faire cuire dans une casserole d'eau bouillante salée pendant 7 minutes.
Dans un robot, mixer les noix de Saint-Jacques. Ajouter les œufs et les jaunes, la crème fraîche, du sel et du poivre, la farine, puis le salpicon de courgette.
Verser dans des moules en silicone. Faire cuire 25 minutes à 170 °C (th. 5-6). Démouler.
Porter à ébullition la crème et le muscat. Laisser réduire à feu doux. Assaisonner.
Couper la demi-courgette et les carottes épluchées en bâtonnets puis les cuire dans de l'eau bouillante salée. Les plonger dans l'eau froide puis arrêter la cuisson.
Dans une poêle chaude, mettre 1 cuillerée à soupe d'huile d'olive et poêler les noix de Saint-Jacques. Saler, poivrer.
Dans une autre poêle chaude, mettre 1 cuillerée à soupe d'huile d'olive et poêler les carottes. Saler, poivrer puis faire la même chose avec les courgettes.
Dressage : au centre d'une assiette chaude, disposer un gâteau de Saint-Jacques réchauffé. Sur le dessus, poser 2 médaillons de Saint-Jacques (escalopés dans le sens de l'épaisseur) puis agrémenter avec un méli-mélo de courgettes et de carottes. Décorer avec une branche de thym. Agrémenter l'assiette avec la sauce.

4 20 8

GRILLADE

de Saint-Jacques et écrevisses aux asperges

12 grosses noix de Saint-Jacques sans corail
2 cuil. à soupe d'huile
8 jolies écrevisses vivantes
500 g d'asperges vertes moyennes
1 échalote
10 cl de vin blanc
10 cl de fumet de poisson (p. 21)
5 cl de crème double
1 bouquet d'aneth
Sel, poivre.

Sur une plaque servant de grillade, marquer les Saint-Jacques légèrement huilées sur les deux faces. Essayer de les quadriller.
Cuire les écrevisses à l'eau bouillante salée 4 minutes, les décortiquer, garder les têtes, qui serviront pour le décor de l'assiette.
Cuire les asperges à l'eau bouillante salée et les refroidir à l'eau glacée après la cuisson, les garder fermes, ne pas trop les cuire.
Hacher l'échalote, la mettre dans une casserole avec le vin blanc, réduire de moitié, ajouter le fumet de poisson. Réduire le tout de nouveau d'un bon quart et crémer.
Dresser en assiette les Saint-Jacques, les écrevisses, les asperges et les têtes des écrevisses sur le bord de l'assiette.
Saucer légèrement à plusieurs endroits. Décorer de branches d'aneth.

4 25 4

RAVIOLES DE
Saint-Jacques et langoustes

250 g de pâte à raviolis (p. 18)
1 petite langouste de 400 g
8 grosses noix de Saint-Jacques
1 œuf
5 cl d'huile d'olive
10 cl de bisque de langouste
50 g de crème double
Sel, poivre.

Étaler le plus finement possible la pâte à raviolis et tailler 16 disques de 8 à 10 cm de diamètre.
Cuire la langouste dans l'eau bouillante salée pendant 6 minutes et la décortiquer.
Dans une poêle avec l'huile d'olive bien chaude, dorer de chaque côté les Saint-Jacques 20 secondes.
Poser les Saint-Jacques sur un papier absorbant, saler et poivrer.
Poser dans chaque disque de pâte un morceau de langouste et une noix de Saint-Jacques.
Dans un bol, casser l'œuf, le battre à la fourchette avec une pincée de sel puis dorer les bords des disques de pâte à l'aide d'un pinceau.
Bien souder les bords et cuire à l'eau bouillante salée et huilée pendant 2 à 3 minutes.
Faire bouillir la bisque de langouste, la laisser légèrement réduire et ajouter la crème fraîche en fouettant.
Dresser en assiette creuse 4 raviolis et napper de sauce.

4 30 37 5

SAINT-JACQUES

au pistou en coquille

Pour la purée :
5 grosses pommes de terre
1 gousse d'ail
10 cl de lait
10 cl d'huile d'olive
Sel, poivre.

12 belles noix de Saint-Jacques
avec les coquilles vides
2 cuil. à soupe d'huile d'olive
150 g de pistou
12 feuilles de basilic
Sel, poivre.

Éplucher les pommes de terre, les laver et les couper en quatre. Les cuire dans une casserole d'eau bouillante salée avec la gousse d'ail en chemise. Laisser frémir jusqu'à ce que les pommes de terre soient cuites. Égoutter, passer au presse-purée avec l'ail puis détendre la purée avec le lait et l'huile d'olive. Saler. Poivrer.

Rincer les noix de Saint-Jacques puis les égoutter et les sécher entre deux feuilles de papier absorbant.

Faire chauffer sur le gaz une plaque à grillade, la graisser avec un pinceau à l'huile d'olive puis griller les noix de Saint-Jacques déjà salées et poivrées 2 minutes de chaque côté. Les retirer de la plaque à grillade et les laisser reposer 5 minutes.

Dans une poêle, faire chauffer l'huile d'olive puis ajouter les Saint-Jacques. Ajouter le pistou, faire cuire ensemble 5 minutes.

Au moment de servir, placer 3 coquilles vides par assiette, les garnir de purée puis placer dans chacune 1 noix de Saint-Jacques au pistou. Napper l'ensemble de pistou puis décorer chaquc assiette avec des feuilles de basilic.

4 40 25

MOUSSELINE

de Saint-Jacques chaude

350 g de noix de Saint-Jacques
1 œuf + 1 blanc
300 g de crème double
1 cl de cognac
1 cl de porto
50 g de beurre
10 cl de beurre léger (p. 14)
8 jolis coraux de Saint-Jacques
1 bouquet d'aneth
2 cuil. à soupe de persil plat haché très fin
100 g de fèves
Sel, poivre.

Mixer les Saint-Jacques, ajouter l'œuf entier, le blanc d'œuf, le sel et le poivre et, progressivement, la crème double, le cognac et le porto.
Ne pas surchauffer cette préparation, la crème et les Saint-Jacques devront être très froides avant le mixage.
Beurrer des petits ramequins et les remplir à moitié de la préparation précédente. Ajouter les coraux et finir de remplir les ramequins.
Cuire au bain-marie dans un four à 180 °C (th. 6) avec de l'eau à 70 °C pendant 15 minutes.
Faire cuire les fèves dans de l'eau bouillante salée pendant 10 minutes. Les faire refroidir et les décortiquer.
Démouler les mousselines en assiette creuse, dresser un cordon de beurre léger au persil plat et agrémenter les assiettes avec les fèves bien chaudes.

6 20 45

TARTE DE SAINT-

Jacques et tomates cerise

250 g de pâte brisée
12 noix de Saint-Jacques
1 barquette de tomates cerise
3 œufs + 1 jaune
Muscade
25 cl de lait
25 cl de crème fraîche liquide
10 brins de ciboulette
Sel, poivre.

Étaler la pâte brisée puis la disposer dans un moule à quiche. Placer une feuille de papier sulfurisé puis remplir de haricots blancs. Cuire 20 minutes à 180 °C (th. 6).
Sortir du four puis retirer les haricots blancs et la feuille de papier sulfurisé.
Couper les noix de Saint-Jacques en deux dans le sens de l'épaisseur puis les disposer dans le fond de pâte. Disposer ensuite les tomates cerise en couronne.
Battre les œufs, le jaune d'œuf, le sel, le poivre et la noix de muscade. Ajouter le lait et la crème. Mélanger puis verser dans la tarte.
Hacher la ciboulette, la parsemer sur la tarte puis faire cuire 25 minutes à 180 °C (th. 6). Sortir du four. Servir tiède.

4 20 30

TIAN DE SAINT-Jacques à la verveine et au citron vert en carpaccio

12 noix de Saint-Jacques sans le corail
Le jus de 2 citrons verts
Quelques grains de coriandre
5 ou 6 feuilles de verveine
3 cuil. à soupe d'huile d'olive
1 cuil. à soupe de vinaigre balsamique
Sel, poivre du moulin.

Rincer et égoutter les noix de Saint-Jacques. Les trancher en trois dans le sens de l'épaisseur. Les poser sur un plat. Dans un petit récipient, mélanger le jus de citron vert, les grains de coriandre concassés, les feuilles de verveine ciselées. Assaisonner avec du sel et du poivre. Arroser les noix de Saint-Jacques de ce jus. Couvrir avec un film alimentaire et réserver 30 minutes au réfrigérateur.
Sur des assiettes, disposer les noix de Saint-Jacques en rosace. Arroser l'ensemble avec la marinade des Saint-Jacques. Décorer avec les feuilles de verveine fraîches.

4 35 35

VOL-AU-VENT

de l'océan

6 belles noix de Saint-Jacques
50 cl de fumet de poisson (p. 21)
10 grosses crevettes roses
3 cuil. à soupe d'huile d'olive
10 cl de vin blanc
30 g de gingembre frais
20 g de citronnelle
100 g de carottes
Le jus de 1 citron vert
50 g de beurre
50 g de farine
300 g de pâte feuilletée
1 œuf
Sel, poivre.

Pocher les noix de Saint-Jacques dans du fumet de poisson.
Faire rissoler les crevettes dans une poêle avec l'huile d'olive.
Dans une casserole, faire bouillir le fumet de poisson avec le vin blanc, le gingembre, la citronnelle, la carotte et le jus de citron vert.
Dans une autre casserole, faire fondre le beurre et ajouter la farine pour faire un roux. Ajouter le contenu de la première casserole passé au chinois, mélanger avec un fouet et laisser frémir 10 minutes. Assaisonner. Ajouter les Saint-Jacques puis réserver.
Étaler la pâte feuilletée à 4 mm d'épaisseur. Couper 2 disques de 18 cm de diamètre. En évider un des deux en coupant dans son centre un disque de 10 cm de diamètre.
Sur la plaque du four, poser le premier disque de pâte feuilletée puis disposer le second disque évidé en le collant à l'aide d'un pinceau avec de l'eau.
Dorer légèrement à l'œuf la pâte feuilletée à l'aide d'un pinceau. Laisser reposer 1 heure puis cuire 35 minutes à 180 °C (th. 6). Laisser refroidir. Découper le couvercle de la croûte de vol-au-vent. Garnir avec la sauce.
Au moment de servir, réchauffer 15 minutes à 170 °C (th. 5-6).

4 35 25

CASSOLETTES

de crevettes roses flambées au whisky

20 grosses crevettes roses
2 cuil. à soupe d'huile d'olive
1 branche de thym
15 cl de crème fraîche liquide
4 carottes
1 noix de beurre
2 cuil. à soupe de whisky
Sel, poivre du moulin.

Éplucher les crevettes. Réserver d'un côté les corps avec la queue et de l'autre la tête avec la carapace.
Dans une casserole, faire chauffer 1 cuillerée à soupe d'huile d'olive et faire rissoler les têtes de crevette et les carapaces avec la branche de thym pendant 3 ou 4 minutes. Ajouter la crème liquide puis laisser frémir 5 à 6 minutes à feu doux.
Éplucher les carottes et les couper en petits dés. Laver puis égoutter.
Dans une sauteuse, mettre 1 noix de beurre, les carottes coupées en petits dés puis couvrir d'eau. Saler, poivrer puis cuire en couvrant avec un couvercle pendant 25 minutes à feu moyen.
Dans une poêle, verser 1 cuillerée d'huile d'olive, faire chauffer et faire saisir les crevettes pendant 3 ou 4 minutes juste pour les faire colorer. Saler, poivrer et flamber avec le whisky.
Verser dessus en passant à travers une petite passoire la sauce à la crème avec les carapaces de crevettes. Laisser frémir 2 à 3 minutes.
Dans des cassolettes, déposer une grosse cuillerée à soupe de carottes, disposer 5 crevettes par cassolette puis napper avec la sauce.

4 30 10

LA BROCHETTE

de langoustes au beurre rouge

2 langoustes vivantes d'environ 500 g pièce
150 g de beurre
1 échalote
25 cl de fumet de poisson (p. 21)
25 cl de bon vin rouge
1 branche d'estragon
Sel, poivre.

Faire cuire les langoustes dans de l'eau salée bouillante pendant 8 minutes.
Décortiquer toutes les pattes et les queues.
Couper les queues en deux, faire 4 jolies brochettes avec la chair et couper les pattes en petits morceaux.
Cuire les brochettes 1 minute dans 30 g de beurre mousseux.
Pour confectionner la sauce, faire suer l'échalote hachée dans 20 g de beurre, ajouter le fumet de poisson et le vin rouge et faire réduire d'une bonne moitié.
Dans cette réduction, ajouter en fouettant les 100 g de beurre restants petit à petit.
Rectifier l'assaisonnement et ajouter l'estragon.
Badigeonner légèrement les brochettes de cette sauce et les passer au four chaud 2 minutes à 220 °C (th. 6-7).
Dans le reste de sauce, ajouter la chair des pattes de langouste en petits dés.
Mettre dans une belle assiette la demi-tête de langouste en décor, placer la brochette en biais et agrémenter avec la sauce de chaque côté de cette brochette.

4 20 10 12 h

TABOULÉ DE
langoustines et palourdes

Pour le taboulé :
1/2 poivron rouge
1/2 poivron vert
150 g de concombre
1/2 oignon
2 tomates assez grosses
1 cuil. à soupe de coriandre fraîche hachée
1 cuil. à soupe de menthe fraîche hachée
200 g de semoule moyenne
100 g d'huile d'olive de bonne qualité
Le jus de 1 citron
Sel, poivre.

8 belles langoustines
Vin blanc
16 grosses palourdes
15 cl d'huile d'olive
Le jus de 1/2 citron
1 cuil. à soupe de coriandre hachée
Sel, poivre.

Hacher finement les poivrons rouge et vert, le concombre, l'oignon. Ébouillanter les tomates pendant 1 minute dans de l'eau salée puis les peler, les épépiner et les couper en dés.
Réunir tous ces ingrédients hachés finement. Ajouter les herbes hachées. Saler et poivrer. Verser sur la semoule l'huile d'olive et le jus de citron et mélanger.
Filmer le récipient et le mettre au frais pendant 12 heures.
Décortiquer à cru les langoustines, garder les têtes pour le décor et faire ouvrir les palourdes avec un peu de vin blanc dans un récipient à couvert, 3 minutes de cuisson suffiront pour les ouvrir. Garder une demi-coquille de chaque palourde.
Faire sauter vivement les langoustines dans 5 cl d'huile d'olive ainsi que les têtes, 2 minutes suffiront, saler et poivrer.
Bien égrainer le taboulé et en faire 4 cercles dans des assiettes.
Placer les langoustines et les têtes en décor, les palourdes autour.
Faire une petite vinaigrette avec 10 cl d'huile d'olive, le jus de citron et la coriandre hachée. Saler et poivrer.
Saucer légèrement les assiettes.

LASAGNES
aux truffes et langoustines rôties

4 25 15

Abaisser très finement la pâte à raviolis, détailler des petits carrés de 8 cm sur 8 cm.
Les cuire dans de l'eau bouillante salée (2 l environ) avec l'huile de tournesol.
Bien les rafraîchir et les laisser dans l'eau froide.
Décortiquer les langoustines à cru en gardant les têtes pour le décor.
Couper 4 jolies lames de truffe et hacher finement le reste.
Faire sauter les langoustines à l'huile d'olive chaude.
Ajouter la truffe hachée et le jus de truffe au jus de crustacés.
Faire cuire les feuilles de lasagne dans de l'eau bouillante salée pendant 1 minute puis les égoutter.
Placer au fond de l'assiette une feuille de lasagne, disposer 2 langoustines, un peu de sauce. Recouvrir de la seconde feuille de lasagne et napper de sauce.
Décorer avec les têtes de langoustine.

250 g de pâte à raviolis (p. 18)
5 cl d'huile de tournesol
8 belles langoustines
1 belle truffe dans son jus ou une petite boîte de jus de truffe
3 cuil. à soupe d'huile d'olive
20 cl de jus de crustacés lié au beurre manié (p. 21)
Sel, poivre.

GRILLÉS DE PETITS
légumes aux gambas

6 25 10

Faire griller à la flamme ou sur un gril le poivron et la tomate, bien les peler et les hacher finement.
Mixer la gousse d'ail, le jus de citron, l'huile d'olive, le sel et le poivre.
Mélanger aux légumes hachés, remplir aux deux tiers des verres et décorer d'une gamba piquée d'un petit pique de bois.

1 poivron vert
1 tomate
1 gousse d'ail
Le jus de 1/2 citron
2 cuil. à soupe d'huile d'olive
6 petites gambas cuites décortiquées
Sel, poivre.

4 40 40

VELOUTÉ DE

carottes et sa petite fricassée de homard

1 homard (breton de préférence)
500 g de carottes
2 grosses noix de beurre
15 cl de crème fraîche liquide
2 branches de céleri
2 cuil. à soupe d'huile d'olive
1 échalote
1/2 verre de vin blanc (muscadet)
Sel, poivre du moulin.

Dans une casserole d'eau salée à ébullition, ébouillanter le homard pendant 3 à 4 minutes. L'égoutter et le laisser refroidir un peu. Le couper en deux dans le sens de la longueur et récupérer toute la chair du corps et des pinces. Réserver.
Dans une sauteuse, mettre les carottes épluchées et coupées en dés, le beurre et recouvrir d'eau. Assaisonner avec du sel et du poivre. Cuire en couvrant avec un couvercle jusqu'à ce que les carottes soient tendres. Ajouter la crème puis mixer. Rectifier l'assaisonnement et réserver.
Éplucher le céleri. Le couper en dés puis le cuire dans de l'eau bouillante salée pendant 10 minutes. L'égoutter.
Couper la chair du homard en dés. Mélanger avec le céleri.
Dans une poêle, faire chauffer l'huile d'olive. Y faire rissoler l'échalote hachée. Ajouter la fricassée de homard et le céleri. Assaisonner avec du sel et du poivre du moulin. Faire rissoler puis ajouter le vin blanc.
Dans des assiettes creuses, verser du velouté de carotte bien chaud puis garnir avec la fricassée de homard.

6 20 8

DUO D'AVOCAT

et homard

2 carottes
1 oignon
Quelques queues de persil
Le jus de 1,5 citron
Quelques grains de poivre
1 branche de céleri bien blanc
1 blanc de poireau
20 cl de mayonnaise
1 petit homard de 300 g
1 avocat
10 cl de crème fraîche
Pluches de cerfeuil
Sel, poivre.

Procéder de la même façon que pour le salpicon de bar aux petits légumes croquants (p. 108).
Cuire le homard de 300 g au court-bouillon pendant 8 minutes.
Mixer la chair d'avocat, la crème et le reste de jus de citron.
Remplir aux trois quarts les verres de légumes, mélangés à la mayonnaise. Garnir avec l'avocat mixé et terminer les verres par des morceaux de homard, décorer d'une pluche de cerfeuil.

4 40 35

SALADE DE HOMARD

et de fenouil

1 homard
2 bulbes de fenouil
1 cuil. à soupe d'apéritif anisé
2 cuil. à soupe d'huile d'olive
Sel, poivre du moulin.

Dans une casserole d'eau salée à ébullition, ébouillanter le homard pendant 12 à 15 minutes. Le laisser refroidir.
Récupérer la chair du corps et des pinces. Garder les pinces intactes et couper le reste en gros dés. Réserver.
Laver les bulbes de fenouil. Les émincer très fin. Leur ajouter l'apéritif anisé, l'huile d'olive et la chair de homard. Assaisonner puis servir.

AUMÔNIÈRES
de homard

4 15 8

2 homards de 400 g chacun
50 g de beurre
4 crêpes
150 g de haricots verts
200 g de minicarottes
200 g de pois gourmands
8 jolies asperges
10 cl de fumet de poisson (p. 21)
50 g de crème fraîche
Sel, poivre.

Cuire les homards pendant 8 minutes dans l'eau bouillante salée.
Décortiquer les homards et les faire sauter à la poêle dans un peu de beurre.
Mettre le homard préalablement coupé en beaux morceaux au centre de chaque crêpe.
Façonner les aumônières en les attachant avec une lanière de vert de poireau blanchi.
Tenir au chaud.
Cuire les haricots verts, les minicarottes, les pois gourmands et les asperges séparément, à l'eau bouillante salée.
Tenir ces légumes pas trop cuits, voire un peu craquants.
Réduire le fumet de poisson, ajouter la crème et ensuite le beurre.
Poser l'aumônière au centre d'une assiette chaude, disposer autour les légumes et les napper de sauce bien chaude.

4 35 10

DUO DE SOLE ET
homard à l'huile d'herbes

1 joli homard de 400 g
4 gros filets de sole
5 cl d'huile d'olive
50 g de beurre
10 cl d'huile de basilic (p. 16)
Sel, poivre.

Cuire le homard à l'eau bouillante salée pendant 5 minutes. Déposer les filets de sole sur un papier d'aluminium huilé. Les badigeonner d'huile. Les cuire 5 minutes au four à 180 °C (th. 6).
Décortiquer le homard, le couper en morceaux, l'assaisonner et le faire sauter légèrement dans le beurre mousseux.
Dans une assiette creuse, disposer les goujonnettes de sole et le homard et décorer harmonieusement avec de l'huile de basilic.

4 20 15

DEMI-HOMARD
rôti à l'huile d'olive

2 homards bretons
4 cuil. à soupe d'huile d'olive
1 cuil. à café de « fleur de sel de Guérande »
Poivre du moulin.

Dans une grande casserole d'eau salée à ébullition, ébouillanter les homards pendant 3 minutes environ. Les égoutter et les couper en deux. Placer les demi-homards sur la plaque du four recouverte d'une feuille de papier d'aluminium. Saler avec le sel de Guérande et poivrer avec le poivre du moulin. Verser 1 cuillerée d'huile d'olive sur chaque demi-homard puis faire griller au four sur la position gril jusqu'à obtention d'une belle coloration. Surveiller attentivement le four car cela va très vite. Poser sur un plat et servir aussitôt.

Vous pouvez aussi arroser très légèrement les demi-homards d'un tout petit peu de whisky ou de cognac au moment de servir et faire flamber devant les invités.

4 25 10

HOMARD GRILLÉ,

beurre de corail d'oursins

4 petits homards de 400 g chacun
100 g de beurre
100 g de corail d'oursins
10 cl de beurre émulsionné
Sel, poivre.

Dans 4 l d'eau salée, plonger les homards et compter 4 minutes après l'ébullition. Sortir les homards et refroidir.
Enlever les pinces, les décortiquer en les gardant entières. Garder les carapaces pour le décor.
Faire de même pour le corps des homards.
Badigeonner ces chairs de beurre fondu, les assaisonner et les griller pour en terminer la cuisson. Ne pas surcuire pour garder le moelleux.
Ajouter le corail d'oursins dans le beurre émulsionné. Garder au chaud dans une petite casserole à feu très doux. Assaisonner.
Escaloper les queues et reconstituer dans une assiette chaude la chair de la queue et des pinces.
Disposer la carapace de la tête et de la queue pour le décor.
Servir la sauce en saucière à part.

4 30 10

TAGLIATELLES

au homard rôti à l'huile d'olive

1 homard (breton de préférence)
10 cl d'huile d'olive
30 cl de jus de crustacés (p. 21)
30 g de beurre manié
300 à 400 g de tagliatelles fraîches
Sel, poivre du moulin.

Dans une casserole d'eau salée à ébullition, ébouillanter le homard pendant 4 à 5 minutes. L'égoutter et le laisser refroidir. Le couper en deux dans le sens de la longueur et récupérer toute la chair dans les pinces et dans le corps. La découper en tronçons. Assaisonner puis faire rissoler dans une poêle avec de l'huile d'olive bien chaude.
Dans une casserole, faire chauffer le jus de crustacés avec le beurre manié pour le faire épaissir.
Dans une casserole d'eau bouillante salée, faire cuire les tagliatelles *al dente*. Les égoutter. Leur ajouter un petit peu d'huile d'olive pour les rendre brillantes. Rectifier l'assaisonnement puis dresser en reconstituant le homard sur les tagliatelles.
Agrémenter avec du coulis de crustacés bien chaud.

4 20 10

ESCALOPES DE BAR

à la vanille cuites en vapeur

2 gousses de vanille
4 jolis pavés de bar
Huile d'olive
10 bâtons de citronnelle
Brin de ciboulette
125 g de beurre léger (p. 14)
Sel, poivre.

Gratter les gousses de vanille en ayant pris soin de les fendre d'abord en deux pour en extraire les petites graines.
Faire mariner les pavés de bar 1 heure dans les graines de vanille et un peu d'huile d'olive sans oublier de saler et de poivrer.
Dans un couscoussier, mettre à bouillir de l'eau avec les bâtons de citronnelle, cuire le tout 15 minutes.
Mettre les gousses débarrassées des graines à cuire avec les bâtons de citronnelle.
Mettre le bar à cuire sur la vapeur de citronnelle et les gousses de vanille avec la ciboulette en tronçons.
Dresser ensuite en assiette avec un cordon de beurre léger légèrement citronné.

Un petit sauté de jeunes courgettes à l'huile de basilic accompagnerait bien ce bar.

4 15 5

MINUTE DE BAR

aux baies roses et citron vert

8 escalopes de bar très frais de 100 g chacune
5 cl d'huile de tournesol
50 g de beurre
8 cuil. à soupe de beurre battu léger (p. 14)
Le jus de 1 citron vert
30 g de baies de poivre rose
1 joli citron vert cannelé
1 botte d'aneth
Sel, poivre.

Dans une poêle antiadhésive chaude, faire cuire les escalopes dans l'huile et le beurre en les tenant bien souples. Saler et poivrer.
Les dresser dans des assiettes chaudes.
Ajouter dans le beurre léger le jus de citron vert et les baies de poivre rose.
Sur chaque escalope, déposer 1 cuillerée à soupe de beurre émulsionné et décorer l'assiette de rondelles de citron vert cannelé et de quelques brins d'aneth.

4 20 12

PAPILLOTE DE BAR,

petits fenouils et girolles

10 cl d'huile d'olive
4 filets de bar de 200 g chacun
400 g de girolles fraîches
8 minifenouils
Sel, poivre.

Préparer 4 feuilles de papier d'aluminium, graisser à l'huile d'olive côté cuisson, c'est-à-dire le côté non brillant, saler et poivrer légèrement et poser dessus les filets côté peau en contact avec l'aluminium.
Sur la chair blanche des filets, mettre 1 cuillerée à soupe d'huile d'olive, du sel et du poivre.
Faire sauter les girolles à l'huile et cuire les petits fenouils 25 minutes à l'eau bouillante salée.
Disposer les minifenouils et les girolles sur les filets de bar.
Refermer la papillote en relevant les extrémités façon gondole et cuire à four chaud à 200 °C (th. 6-7) pendant 20 minutes.
Dresser la papillote sur assiette chaude en écartant légèrement l'intérieur.
Ce plat se consommera dans la papillote.

4 20 10

SALPICON DE BAR

aux petits légumes croquants

600 g de filet de bar
2 carottes
1 oignon
Quelques queues de persil plat
Le jus de 1 citron
Quelques grains de poivre
1 branche de céleri bien blanc
1 blanc de poireau
20 cl de mayonnaise faite avec moitié huile d'olive moitié huile de tournesol
Une botte de cerfeuil et des brins de ciboulette
Sel, poivre.

Couper le filet de bar en petits carrés de 1 cm de côté.
Faire un court-bouillon salé et poivré composé de 2 l d'eau, de 1 carotte, de l'oignon émincé, des queues de persil plat, du jus de citron et des grains de poivre.
Cuire le court-bouillon 30 minutes et plonger les cubes de bar pendant 1 minute dans le court-bouillon.
Tailler en petits cubes la carotte, la branche de céleri et le blanc de poireau, cuire ces trois produits dans de l'eau bouillante salée pendant 3 minutes. Vérifier la cuisson, qui devra être *al dente*.
Bien égoutter et, une fois froid, mélanger à la mayonnaise.
Cette composition devra avoir la consistance d'une soupe mi-épaisse.
Si toutefois cela était trop épais, détendre avec un peu de cuisson du bar.
Dresser en assiette creuse les petits légumes mélangés à la mayonnaise puis déposer dessus les cubes de bar.
Décorer avec des pluches de cerfeuil et des brins de ciboulette.

4 15 30

CARPACCIO

de lotte à la vanille bourbon

600 g de lotte dans le filet
Le jus de 2 citrons
5 cl d'huile d'olive
2 gousses de vanille bourbon
30 g de gingembre frais
Une botte de ciboulette hachée.

Tailler très finement la lotte en escalopes et en tapisser 4 assiettes.

Passer les assiettes au pinceau avec le jus de citron, saler et poivrer légèrement.

Mettre au frais pendant 30 minutes.

Fendre les gousses de vanille en deux et gratter pour en extraire toutes les petites graines.

Ajouter à cette huile d'olive, aux graines de vanille, le gingembre râpé très fin et repasser les assiettes au pinceau avec cette composition.

Parsemer l'assiette de ciboulette hachée et servir très frais.

6 25 40

TERRINE FROIDE

de lotte et saumon à l'aneth

250 g de filet de merlan
1 échalote hachée
1 cuil. à soupe de ciboulette hachée
1 cuil. à soupe d'aneth haché
4 blancs d'œufs
250 g de crème fraîche liquide
20 g de beurre
200 g de lotte
200 g de saumon frais
Sel, poivre.

Mettre dans votre mixeur les filets de merlan, l'échalote, la ciboulette et l'aneth. Faire une pâte et ajouter les blancs d'œufs petit à petit, le sel et le poivre, terminer par la crème petit à petit.
Il est important que tous ces ingrédients soient bien froids afin de ne pas chauffer ce mélange.
Dans une terrine appropriée et beurrée, monter en alternance la mousse, les dés de lotte et de saumon préalablement salés et poivrés.
Cuire cette terrine au bain-marie dans un four pas trop chaud, à 150 °C (th. 5), pendant environ 40 minutes.
Vérifier la cuisson en plantant au centre de la terrine une aiguille en métal, celle-ci devra être assez chaude.

Cette préparation pourra se servir froide avec une mayonnaise, voire une sauce cocktail, ou bien en tranche chaude avec un coulis de crustacés.

4 20 5

MÉDAILLONS

de lotte au cumin et à la menthe

1 jolie lotte de 1 kg
100 g d'huile d'olive
Le jus de 1/2 citron
1/2 cuil. à café de cumin fraîchement moulu
10 feuilles de menthe
10 brins de ciboulette finement hachée
10 g de poivre rose
Sel, poivre.

Faire fileter la lotte par le poissonnier.
Couper en tranches fines et disposer ces petites escalopes de lotte sur un papier cuisson légèrement huilé à l'huile d'olive. Saler et poivrer légèrement.
Mélanger dans un bol le jus de citron, 2 cuillerées à soupe d'huile d'olive, le cumin et la menthe hachée.
Passer cette marinade au pinceau sur les escalopes de lotte et passer au four 5 minutes à 150 °C (th. 5).
Dresser en assiette et repasser légèrement la marinade au pinceau.
Décorer l'assiette avec des grains de poivre rose, quelques feuilles de menthe et de la ciboulette hachée.

4 30 30 12 h

PETIT RAGOÛT DE
lotte et gambas aux cèpes

4 tronçons de lotte de 150 à 180 g pièce
8 grosses gambas
10 cl d'huile d'olive
500 g de cèpes frais ou bien 50 g de cèpes secs
15 cl de jus de crustacés (p. 21)
5 cl de crème fraîche
Sel, poivre.

Saler et poivrer les tronçons de lotte.
Faire dorer dans une poêle assez chaude les tronçons de lotte ainsi que les gambas avec 5 cl d'huile d'olive.
Nettoyer les cèpes frais et les faire sauter à la poêle avec un peu d'huile d'olive.
Si toutefois on utilise des cèpes secs, les mettre la veille à tremper dans 1 litre d'eau tiède.
Le lendemain, bien les rincer et les faire sauter à la poêle, saler et poivrer avec 5 cl d'huile d'olive.
Réunir dans une casserole la lotte, les gambas décortiquées ainsi que les cèpes.
Couvrir avec le jus de crustacés, faire cuire environ 20 minutes et ajouter la crème épaisse pour terminer les 5 dernières minutes de cuisson.
Répartir dans 4 assiettes lotte, gambas et cèpes.
Rectifier l'assaisonnement de la sauce et saucer les assiettes creuses de préférence.

4 25 5 24 h

MARINADE

de rougets de roche

20 cl d'huile d'olive
4 jolis rougets en filets préparés par le poissonnier
1/2 poivron rouge
1 carotte
1/2 céleri-rave
10 cl de vin blanc sec
1 étoile de badiane
1/2 cuil. à café de coriandre en graines
1/2 cuil. à café d'ail haché
1/2 oignon haché
5 cl de vinaigre de vin rouge
Coriandre fraîche
1 bouquet d'aneth
Sel, poivre.

Faire raidir dans un peu d'huile d'olive les filets de rouget côté peau 1 minute.
Pour la marinade, faire chauffer l'huile d'olive. Lorsqu'elle est bien fumante, ajouter les légumes coupés en petits dés et laisser reprendre l'ébullition. Ajouter la badiane, la coriandre, l'ail et l'oignon hachés.
Ajouter l'assaisonnement, le vin blanc et le vinaigre. Verser sur les filets de rouget cette huile encore chaude.
Laisser reposer au frais 24 heures.
Dresser en assiette avec la marinade et 1 brin d'aneth.

4 20 8

FILETS DE ROUGET
à la crème de romarin

4 beaux rougets barbets de 200 g
10 cl de fumet de poisson (p. 21)
20 cl de crème double
3 branches de romarin
2 cuil. à soupe d'huile d'olive
50 g de beurre
Sel, poivre.

Faire lever les filets par le poissonnier et surtout bien les désarêter.
Réduire le fumet de poisson, 1 branche de romarin et la crème jusqu'à ce que le dos d'une cuillère soit nappé par la sauce.
Faire chauffer une poêle antiadhésive, mettre l'huile d'olive et le beurre une fois la poêle assez chaude, colorer 1 minute les rougets côté peau d'abord et encore 1 minute de l'autre côté. Saler et poivrer les filets.
Dresser en assiette les rougets, mettre la sauce autour de l'assiette et décorer avec les branches de romarin frais.

4 35 10

TIAN DE ROUGET,
fondue provençale

3 tomates
1 aubergine
1 courgette
1 oignon
3 branches de céleri bien blanches
20 cl d'huile d'olive
1 petite botte de thym frais
4 jolis rougets de roche filetés et désarêtés par le poissonnier
20 cl de beurre léger parfumé à l'anis (p. 14)
Sel, poivre.

Pour la fondue provençale, épépiner les tomates, les couper en petits cubes ainsi que tous les autres légumes.
Faire sauter à part tous les légumes à l'huile d'olive, les mélanger, saler, poivrer et cuire cette fondue 30 minutes.
Bien égoutter ensuite 1 bonne heure puis parfumer avec un peu de thym frais.
Mettre les filets de rouget côté peau sur un papier cuisson huilé, saler et poivrer, cuire à feu moyen, à 150 °C (th. 5), pendant 5 minutes.
Dresser en cercle la fondue chaude dans les assiettes, poser harmonieusement les filets de rouget, piquer au centre de la fondue une petite branche de thym et saucer le tour de l'assiette avec le beurre léger.

4 10 20

SAUMON MARINÉ

aux épices douces

800 g de saumon salé
5 cl d'huile d'olive
Le jus de 1 citron
1/2 cuil. à café de graines de fenouil
2 étoiles de badiane
3 graines de cardamome
150 g de crème fraîche liquide
25 g de caviar
1 botte de ciboulette
4 brins d'aneth
Sel, poivre.

Tailler en tranches très fines le saumon comme des tranches de saumon fumé. Tapisser les assiettes de tranches.
Faire une petite vinaigrette avec l'huile d'olive et le jus de 1/2 citron, saler et poivrer. Mixer toutes les épices (badiane, cardamome et fenouil) puis les ajouter à la vinaigrette.
Passer cette vinaigrette au pinceau sur le saumon puis laisser mariner 20 minutes.
Fouetter la crème liquide et ajouter le jus de 1/2 citron et un peu de sel.
Au milieu de l'assiette, dresser une petite quenelle de crème montée et sur le dessus une petite cuillerée de caviar.
Parsemer enfin l'assiette de ciboulette hachée et d'aneth.

6 30 60

ROULÉS DE SAUMON

fumé et chèvre frais

200 g de fromage de chèvre frais
100 g de crème fraîche
6 brins de ciboulette
8 belles tranches de saumon fumé
1 cuil. à soupe de vinaigre balsamique
3 cuil. à soupe d'huile d'olive
12 tomates cerise
1 petite salade feuille de chêne rouge
Quelques brins de cerfeuil
Sel, poivre du moulin.

Dans un récipient, travailler le fromage de chèvre pour le rendre souple, ajouter la crème fraîche, la ciboulette ciselée puis assaisonner. Sur une feuille de film alimentaire, étendre les tranches de saumon fumé en un rectangle deux fois plus long que large. Au centre, à l'aide d'un poche à douille, former un cylindre de fromage frais puis rouler pour former un rouleau en serrant le film alimentaire à chaque extrémité. Placer au réfrigérateur 1 heure.
Faire la vinaigrette avec le vinaigre balsamique, l'huile d'olive, du sel et du poivre. Ajouter les tomates coupées en deux. Sur une assiette, présenter 3 tronçons de rouleau de saumon et la salade assaisonnée. Décorer de cerfeuil.

4 25 10 15

TORSADES

de saumon sur brochette et salade à l'huile d'olive

400 g de saumon frais
2 cuil. à soupe d'huile d'olive
1 cuil. à soupe de jus de citron
1 cuil. à soupe de vinaigre balsamique
Salade mélangée (pour 4 personnes environ)
Quelques tomates cerise
Quelques herbes : ciboulette, cerfeuil, etc.
Sel, poivre.

Dans le saumon, couper des bandes de 1 cm d'épaisseur, les poser dans une assiette, les faire mariner avec 1 cuillerée à soupe d'huile d'olive, le jus de citron, du sel et du poivre.
Couvrir avec un film alimentaire. Laisser mariner 15 minutes environ.
Piquer les bandes de saumon en accordéon sur des piques à brochette. Dans une poêle chaude, poêler les brochettes 3 à 4 minutes. Les retourner puis laisser encore 3 à 4 minutes.
Faire une sauce d'assaisonnement en mélangeant du sel, du poivre, l'huile d'olive restante et le vinaigre.
Assaisonner la salade. Ajouter quelques tomates cerise coupées en deux.
Dans un bol sur une assiette, dresser de la salade puis poser une brochette sur le côté. Décorer la salade avec quelques herbes.

GÂTEAU
de saumon et de lotte

4 45 25

Pour le gâteau :
125 g de saumon frais
125 g de lotte
4 œufs + 2 jaunes
1 cuil. à soupe de crème fraîche
1 cuil. à soupe de farine
Sel, poivre.

Pour la sauce :
100 g de crème fraîche épaisse
7 cl de fumet de poisson (p. 21)
Sel, poivre.

Dans un robot, mixer le saumon frais et la lotte. Ajouter les œufs et les jaunes, la crème fraîche, du sel et du poivre, la farine.
Verser dans des moules en silicone ou dans des ramequins beurrés. Faire cuire 25 minutes à 170 °C (th. 5-6). Démouler.
Porter ensemble à ébullition la crème et le fumet de poisson. Laisser réduire 5 minutes à feu doux.
Au centre d'une assiette chaude, disposer un gâteau de saumon et de lotte réchauffé puis napper de sauce.

MINUTE DE SAUMON
sauvage au pistou

4 10 5 120

1 kg de filet de saumon très frais
5 cl d'huile d'olive
10 cl d'huile de basilic (p. 16)
1 petit bouquet de basilic frais
Sel, poivre.

Trancher des petites escalopes de saumon de 50 g chacune et les faire mariner dans l'huile d'olive, du sel et du poivre pendant 2 heures.
Sur un papier sulfurisé, disposer les tranches bien à plat.
Cuire au four à 180 °C (th. 6) pendant 5 minutes.
Dresser les escalopes en assiettes et les passer au pinceau avec l'huile de basilic.
Décorer de quelques jolies feuilles de basilic frais et servir chaud.

4 10 20

PAPILLOTES

de saumon à la citronnelle et au gingembre

4 beaux pavés de saumon
4 cuil. à soupe d'huile d'olive
4 cuil. à soupe de vin blanc
2 bâtons de citronnelle
1 petit morceau de gingembre
Sel, poivre.

Placer chaque pavé de saumon sur une feuille de papier sulfurisé. Plier le papier en forme de papillote.
Dans chaque papillote, saler, poivrer, verser 1 cuillerée à soupe d'huile d'olive, 1 cuillerée à soupe de vin blanc, 1 demi-bâton de citronnelle ciselée et quelques petits dés de gingembre. Fermer les papillotes et cuire 20 minutes à 180 °C (th. 6).
Poser chaque papillote sur une assiette puis l'ouvrir.

Vous pouvez accompagner ces papillotes de tagliatelles fraîches.

6 15

SALPICON DE THON
rouge au basilic

200 g de thon rouge très frais coupé en petits carrés
Le jus de 1/2 citron
2 cuil. à soupe d'huile d'olive
3 cl d'huile de basilic (p. 16)
Persil plat ou basilic
Sel, poivre.

Faire mariner le thon 45 minutes avec le jus de citron, l'huile, du sel et du poivre.
Ajouter ensuite l'huile de basilic, bien mélanger, remplir des petits verres.
Décorer avec une jolie branche de persil plat ou une feuille de basilic.

4 35 5

FILETS DE SOLE
gratinés au vieux parmesan

2 cuil. à soupe d'huile
8 jolis filets de sole
50 g de parmesan râpé
150 g de beurre mou
100 g de pain de mie en chapelure
300 g de pousses d'épinard
125 g de beurre léger citronné (p. 14)
Sel, poivre.

Découper 4 rectangles de papier cuisson ou d'aluminium, les huiler, y déposer les filets de sole.
Réunir dans un bol le parmesan, le beurre, le pain de mie en chapelure, bien mélanger avec sel et poivre.
Placer ce mélange entre deux feuilles de papier sulfurisé et l'étaler sur 1/2 cm d'épaisseur.
Bien refroidir le tout, poser sur les filets de sole un rectangle de parmesan de façon à bien recouvrir les filets.
La cuisson de ces filets se fera en deux temps, 4 minutes au four à 200 °C (th. 6-7) et 1 minute sous le gril bien chaud afin de colorer le gratin.
Faire sauter à cru les pousses d'épinard dans l'huile, saler et poivrer. Faire glisser les filets de sole sur les assiettes, disposer les pousses d'épinard et finir l'assiette avec un peu de beurre léger citronné.

4 10 30

FILETS DE SOLE
au coulis d'écrevisses

1,5 l de fumet de poisson (p. 21)
12 filets de sole
Une vingtaine d'asperges vertes
1 noix de beurre
200 g de bisque d'écrevisse
10 cl de crème fraîche
Sel, poivre du moulin.

Dans une sauteuse, faire chauffer le fumet de poisson. Assaisonner les filets de sole avec du sel et du poivre. Les rouler sur eux-mêmes individuellement puis les piquer avec un cure-dent pour les faire tenir en forme.
Placer les filets de sole dans la sauteuse avec le fumet de poisson puis laisser frémir à feu doux pendant 5 minutes en ayant couvert la sauteuse avec un couvercle. Retirer du feu et réserver.
Éplucher les asperges. Les blanchir 5 minutes dans une casserole d'eau salée bouillante. Les égoutter puis les faire rissoler dans une poêle avec le beurre. Assaisonner puis réserver.
Dans une casserole, porter à ébullition la bisque d'écrevisse, la crème liquide et une petite louche de fumet de poisson. Assaisonner et faire frémir 7 à 8 minutes. Remettre les asperges et les filets de sole sur le feu pour que le tout soit bien chaud.
Dans des assiettes creuses, verser une louche de coulis d'écrevisses, mettre 3 filets de sole en retirant les cure-dents, 5 asperges puis napper à nouveau de coulis d'écrevisses. Servir aussitôt.

4 45 30 120

FILETS DE SOLE

farcis à la duxelles de champignon

750 g de champignons de Paris
2 grosses noix de beurre
2 échalotes
1 grosse cuil. à soupe de farine
16 filets de sole
1 l de fumet de poisson (p. 21)
Sel, poivre du moulin.

Éplucher les champignons, les hacher et les laver. Les égoutter et les sécher sur un torchon propre.
Dans une sauteuse, faire fondre le beurre. Faire rissoler les échalotes hachées. Ajouter les champignons hachés. Faire cuire 10 minutes puis assaisonner. Ajouter la farine puis dessécher pendant 2 à 3 minutes sur le feu. Réserver et laisser refroidir.
Assaisonner les filets de sole avec du sel et du poivre. Sur une feuille de film alimentaire, placer un filet de sole. Déposer de la duxelles de champignon puis étaler sur le filet de sole pour obtenir une épaisseur de 1 cm. Recouvrir d'un second filet de sole. Envelopper dans le film alimentaire puis nouer le film à chaque extrémité pour bien enfermer les filets de sole farcis. Préparer tous les filets de sole de la même manière.
Dans une sauteuse, faire chauffer le fumet de poisson puis ajouter les filets de sole farcis. Laisser frémir à feu très doux pendant 15 minutes puis retirer du feu. Laisser refroidir dans le fumet de poisson pendant 2 heures au moins.
Désenvelopper les filets de sole farcis puis les placer dans un plat. Appliquer un tout petit voile de beurre fondu, au pinceau sur chaque filet de sole, et faire gratiner 2 à 3 minutes au four sur la position gril. Servir aussitôt.

PIQUÉ DE SOLE

au beurre de truffes

4 15 5

8 filets de sole
2 tranches fines de jambon de Parme
30 g de beurre
30 g d'huile de tournesol
10 cl de beurre de truffes (p. 17)
Quelques pluches de cerfeuil
1 petite botte de ciboulette
Sel, poivre.

Poser une petite bande coupée dans la tranche de jambon de Parme sur chaque filet de sole. Enrouler les filets de sole sur eux-mêmes et les piquer de part en part avec une pique en bois.
Dans une poêle, mettre le beurre et l'huile et, une fois qu'elle est assez chaude, cuire les filets piqués sur les 2 faces, salés et poivrés.
Dresser en assiette, saucer avec le beurre de truffes et décorer avec les pluches de cerfeuil et la ciboulette hachée.

NAGE DE

goujonnettes de sole au Noilly

4 20 4

8 filets de sole
5 cl d'huile d'olive
2 échalotes
5 cl de Noilly Prat
10 cl de fumet de poisson (p. 21)
100 g de crème double
1 botte de ciboulette
Sel, poivre.

Tailler les filets de sole en biseau en 4 morceaux.
Sur une plaque allant au four, déposer un papier d'aluminium bien huilé, disposer les filets de sole, saler et poivrer.
Au pinceau, les passer à l'huile d'olive avant de cuire, la cuisson sera de courte durée pour garder le plus possible de moelleux aux filets : environ 4 minutes à 180 °C (th. 6).
Pour la sauce au Noilly Prat, mettre dans la casserole les échalotes hachées et le Noilly.
Faire réduire de la moitié et ajouter le fumet de poisson.
Réduire à nouveau d'un quart et ajouter ensuite la crème et la ciboulette ciselée.
Dresser les filets en assiette creuse et mettre un peu de sauce sur ces filets dans chaque assiette.
Décorer avec de la ciboulette ciselée et une branche de ciboulette.

4 25 20

MAGRETS DE

canard et leurs pêches rôties à la vanille

3 beaux magrets de canard
6 pêches assez mûres
2 noix de beurre
1 cuil. à soupe de sucre en poudre
2 gousses de vanille
Sel, poivre du moulin.

Dans une poêle bien chaude, saisir les magrets préalablement assaisonnés. Commencer du côté peau à feu vif pendant 5 à 6 minutes. Tourner les magrets du côté viande et saisir 4 minutes. Les remettre du côté peau à feu doux pendant 3 à 4 minutes et couvrir avec un couvercle.
Éplucher les pêches, les dénoyauter et les couper en gros quartiers. Dans une poêle, avec le beurre, saisir les quartiers de pêche. Ajouter le sucre et les gousses de vanille fendues et grattées. Faire rissoler 5 minutes. Ajouter 2 à 3 cuillerées à soupe d'eau et laisser frémir à feu doux pendant 3 à 4 minutes.
Émincer les magrets puis dresser sur assiettes chaudes. Agrémenter avec les pêches rôties puis napper avec le jus de cuisson des pêches.

4 35 40

CHAPON DE BRESSE

aux deux vinaigres

1 chapon de 1,500 kg
100 g de beurre
2 échalotes hachées
1 carotte
1 oignon coupé grossièrement
1 cuil. à café d'estragon haché
1 gousse d'ail
1 cuil. à soupe de vinaigre de vin
1 cuil. à soupe de vinaigre balsamique
25 cl de fond de volaille
1 cuil. à soupe de farine
2 tomates pelées, épépinées et concassées
200 g de crème fraîche épaisse
1 cuil. à soupe de moutarde
Sel, poivre.

Faire découper la volaille en 12 morceaux par le volailler, les faire revenir au beurre.
Lorsque les morceaux sont légèrement colorés, ajouter les échalotes ciselées, la carotte coupée en tronçons, l'oignon, l'estragon et l'ail haché.
Cuire dans un four chaud à 200 °C (th. 6-7), à couvert, pendant 15 minutes environ et ajouter la moitié des 2 vinaigres. Finir la cuisson.
Sortir les morceaux et ajouter dans la cocotte le reste du vinaigre puis le fond de volaille, la farine, les tomates, la crème et la moutarde.
Bien réduire la sauce, rectifier l'assaisonnement.

Nappez les morceaux de chapon et parsemez le tout d'estragon haché.

4 40 60

RÔTI DE BICHE ET
sa mousseline de céleri

1 boule de céleri
25 cl de crème fraîche liquide
3 œufs
1 grosse noix de beurre
1 rôti de biche de 600 à 700 g
1/2 verre de vin rouge (châteauneuf-du-pape)
1 échalote
1 petite branche de thym
1 feuille de laurier
1 cuil. à soupe de gelée de cassis
Sel, poivre du moulin.

Éplucher le céleri, couper la boule en huit. Cuire dans une casserole d'eau salée bouillante pendant 15 à 20 minutes jusqu'à ce que le céleri soit tendre.
Égoutter. Passer au moulin à purée puis au mixeur. Ajouter la crème liquide et les œufs un à un. Assaisonner avec du sel et du poivre du moulin. Verser la mousseline dans des moules en silicone ou dans des ramequins beurrés puis cuire 15 minutes à 180 °C (th. 6). Sortir du four, laisser refroidir et démouler. Réserver.
Dans une poêle, faire fondre le beurre bien chaud puis saisir le rôti de biche préalablement assaisonné 6 à 7 minutes pour bien le colorer. Le mettre dans un plat à four et cuire 8 à 10 minutes à 200 °C (th. 6-7).
Pendant ce temps, déglacer la poêle avec le vin rouge et 2 cuillerées à soupe d'eau. Ajouter l'échalote hachée, du sel, du poivre, le thym et le laurier. Laisser frémir 7 à 8 minutes à feu doux puis ajouter la gelée de cassis.
Sur une assiette, disposer une mousseline de céleri bien chaude puis, sur le côté, 2 ou 3 petites tranches de rôti de biche. Napper avec la sauce.

4 40 30

FILET DE CHEVREUIL

sauce groseille et ses pommes caramélisées

2 grosses noix de beurre
1 rôti de chevreuil de 600 à 700 g
3 cuil. à soupe de gelée de groseille
5 pommes vertes granny smith
1 cuil. à soupe de sucre en poudre
Sel, poivre du moulin.

Dans une poêle, faire fondre 1 grosse noix de beurre. Assaisonner le rôti de chevreuil avec du sel et du poivre du moulin.
Saisir le rôti sur toutes les faces pendant 2 minutes sur chaque face pour le colorer, 6 minutes au total. Déglacer la poêle avec la gelée de groseille et réserver.
Mettre le rôti 10 minutes au four à 200 °C (th. 6-7). Sortir du four, laisser reposer 2 ou 3 minutes avant de le trancher.
Pendant que le rôti cuit, éplucher les pommes. Retirer les pépins. Les couper en gros quartiers.
Les poêler dans une poêle bien chaude avec le reste de beurre et le sucre pendant 7 à 8 minutes jusqu'à ce qu'elles soient cuites et tendres. Retirer les pommes de la poêle, déglacer avec la gelée de groseille et 1 cuillerée à soupe d'eau. Laisser frémir 5 minutes à feu doux.
Sur une assiette, au centre, disposer quelques quartiers de pomme puis dessus 3 petites tranches de filet de chevreuil et napper avec la sauce groseille.

4 20 6

PICCATA DE VEAU

au gingembre et poivre vert

600 g de filet de veau
5 cl d'huile de tournesol
200 g de beurre
100 g de chapelure
150 g de parmesan râpé
150 g de gingembre râpé
10 g de poivre vert
15 cl de jus de veau (p. 20)
50 g de crème fraîche épaisse
Sel, poivre.

Faire trancher par le boucher 12 petits tournedos dans le filet de veau. Les faire colorer à la poêle dans l'huile 1 minute sur chaque face.

Préparer la composition à piccata en mélangeant le beurre mou avec la chapelure, le parmesan, le gingembre râpé et le poivre vert haché.

Poivrer et saler légèrement car le parmesan apportera la note de sel nécessaire.

Faire un boudin de 5 cm de diamètre de cette composition en s'aidant d'un papier film. Poser une tranche fine sur chaque petit tournedos.

Passer ces tournedos au gril pendant 5 minutes et dresser 3 petits tournedos par assiette avec un cordon de jus de veau réduit et crémé.

4 35 40

PETIT FILET MIGNON

et sa fricassée d'asperges vertes

1 petit oignon
2 grosses noix de beurre
1 petit bouquet garni (thym, laurier, carotte)
600 g de filet mignon de porc
1 verre de vin blanc
500 g d'asperges vertes
Sel, poivre du moulin.

Éplucher et émincer l'oignon. Dans une petite cocotte, faire fondre 1 noix de beurre. Faire rissoler l'oignon puis le thym, le laurier et la carotte coupée en morceaux. Ajouter le filet mignon préalablement assaisonné avec du sel et du poivre du moulin. Bien faire rissoler la viande de tous les côtés puis arroser avec le vin blanc et un demi-verre d'eau. Cuire ensuite à feu doux en couvrant à l'aide d'un couvercle pendant 20 à 25 minutes.
Éplucher et laver les asperges. Les blanchir 5 minutes dans une casserole d'eau salée bouillante. Les égoutter. Dans une poêle, faire fondre le reste de beurre puis saisir les asperges à feu vif pendant 4 à 5 minutes. Assaisonner avec du sel et du poivre du moulin puis baisser le gaz et laisser cuire encore 3 ou 4 minutes.
Dans un plat, dresser le filet mignon émincé, l'arroser avec le jus de cuisson puis garnir avec les asperges tout autour.

4 30 15 10

LE CARRÉ D'AGNEAU

rôti

1 petit carré d'agneau de 8 côtes
100 g de beurre
2 échalotes
250 g de champignons de Paris bien blancs
1 cuil. à soupe de crème fraîche épaisse
8 crêpes
5 cl d'huile
10 cl de jus de volaille
Sel, poivre.

Faire préparer par le boucher l'agneau afin d'enlever la chaînette ne laissant que les 8 manchons de côtes.
Ceci facilitera la découpe en côtelettes après cuisson.
Crêpes à la duxelles de champignon : faire revenir dans un peu de beurre les échalotes hachées et ajouter les champignons hachés très fins.
Cuire le tout jusqu'à évaporation complète de l'eau de végétation, saler, poivrer et ajouter la crème.
Garnir les petites crêpes.
Cuire le carré d'agneau dans une cocotte avec l'huile en le faisant préalablement dorer, saler, poivrer et le cuire à couvert en cocotte pendant 15 minutes. Le laisser reposer 10 minutes avant de découper 8 côtelettes.
Dégraisser la cocotte et déglacer avec le jus de volaille, réduire de moitié ce jus et ajouter 50 g de beurre, bien fouetter et mettre le persil haché.
Dressage de l'assiette : mettre au centre 1 cuillerée à soupe de duxelles et poser en croix 2 côtelettes, 2 petites crêpes fourrées sur un côté et un peu de jus en trait de chaque côté.

4 35 5 180

FRAÎCHEUR FESTIVE

et son granité au champagne

Pour le granité :
30 cl de champagne
80 g de sucre en poudre
Le jus de 1 citron.

150 g de fraises
250 g de framboises
100 g de sucre en poudre
1 gousse de vanille
1 zeste de citron.

Préparer le granité : mélanger le champagne, le sucre et le jus de citron. Verser dans un plat puis placer au congélateur 3 heures au total en grattant avec une cuillère toutes les 45 minutes pour former le granité.
Laver les fraises. Les couper en quatre puis les mélanger aux framboises.
Faire un sirop en chauffant ensemble 1 verre d'eau, le sucre, la gousse de vanille fendue et grattée puis le zeste de citron. Une fois à ébullition, retirer du feu et refroidir.
Dans de jolies coupes, disposer les fruits rouges. Recouvrir de sirop bien froid puis agrémenter avec du granité au champagne.

4 20

SOUPE DE

champagne aux fruits rouges

100 g de fraises
100 g de framboises
60 g de myrtilles
50 cl de champagne
Le jus de 1 citron
1 gousse de vanille
10 cl de sirop de canne.

Laver les fraises puis les couper. Ajouter les framboises et les myrtilles.
Dans un récipient, mélanger le champagne, le jus de citron, la gousse de vanille grattée et le sirop de canne. Réserver au réfrigérateur.
Dans de jolies coupes, garnir à mi-hauteur de fruits rouges et remplir avec la soupe de champagne. Servir très frais.

4 25 5 60

CRÉMEUX
à la vanille de Tahiti

25 cl de lait
25 cl de crème fraîche liquide
2 gousses de vanille
5 jaunes d'œufs
110 g de sucre en poudre
3 feuilles de gélatine
125 g de framboises
Quelques fraises
Quelques groseilles
Sucre glace
Quelques feuilles de menthe.

Dans une casserole, faire bouillir le lait, la crème et les gousses de vanille fendues et grattées. Verser sur les jaunes d'œufs fouettés avec le sucre. Remettre le tout sur le feu et faire cuire à feu doux en remuant avec une spatule en bois jusqu'à ce que la préparation épaississe. Retirer du feu et verser dans un récipient. Ajouter la gélatine préalablement ramollie dans de l'eau froide et égouttée. Laisser refroidir jusqu'à ce que la préparation soit tiède. Verser dans des verres. Mettre au réfrigérateur 1 heure.
Garnir le dessus des crémeux avec des fruits rouges et saupoudrer de sucre glace. Décorer de menthe.
Servir bien frais.

6 40 5 240

DÉLICE AUX
abricots au beaumes-de-venise

Pour le jus au beaumes-de-venise :
2 cuil. à soupe de sucre en poudre
2 verres de muscat de Beaumes-de-Venise.

Pour le sorbet abricot :
500 g de beaux abricots bien mûrs
150 g de sucre en poudre
Le jus de 1 citron
1 gousse de vanille.

Pour le décor :
Quelques fruits rouges.

Pour le jus de beaumes-de-venise : faire bouillir 1/2 verre d'eau et le sucre puis ajouter le muscat de Beaumes-de-Venise. Refroidir et réserver au réfrigérateur.
Pour le sorbet : laver les abricots, les dénoyauter, les placer dans un mixeur avec le sucre, le jus de citron et la gousse de vanille grattée. Mixer jusqu'à obtention d'un coulis puis placer dans une sorbetière jusqu'à obtenir la consistance d'un sorbet. Réserver au congélateur 4 heures.
Dans des assiettes creuses très froides, placer au centre une grosse boule de sorbet à l'abricot puis arroser de jus au muscat de Beaumes-de-Venise. Décorer avec quelques fruits rouges.

6 60 65

MONT-BLANC

au marron glacé et à l'orange

2 blancs d'œufs
50 g de sucre en poudre
50 g de sucre glace
200 g de pâte sablée
150 g de pâte de marron confit
150 g de beurre
3 oranges.

Faire la meringue : monter les blancs en neige avec le sucre puis ajouter délicatement le sucre glace tamisé. Former à l'aide d'une poche à douille des boules de 5 cm de diamètre sur la plaque du four recouverte d'une feuille de papier cuisson. Cuire à 140 °C (th. 3-4) pendant 40 minutes.
Étaler la pâte puis réaliser 6 fonds de tartelettes en disposant la pâte dans des moules. Cuire à 170 °C (th. 6) 25 minutes.
Réaliser la crème de marrons : ramollir au mixeur la pâte de marron puis lui incorporer le beurre ramolli.
Préparer les suprêmes d'orange : sur une planche, couper les 2 extrémités de l'orange. Avec un couteau fin, ôter les 2 peaux, blanche et orange puis couper la chair entre les cloisons de fibre de l'orange pour en sortir de jolis suprêmes.
Dans un fond de tartelette, déposer une pointe de crème au marron puis une meringue. Avec une poche à douille très fine, recouvrir la meringue de crème de marron en faisant une imitation de vermicelle.
Décorer avec les suprêmes d'orange.

6 40 10 180

QUENELLES

de chocolat amer et leur parfait glacé au vieux cognac

Le crémeux chocolat :
15 cl de lait
10 cl de crème fraîche liquide
2 jaunes d'œufs
40 g de sucre en poudre
140 g de chocolat noir à 70 % de cacao.

Le parfait glacé au vieux cognac :
125 g de sucre en poudre
4 jaunes d'œufs
45 cl de crème fraîche liquide
8 cl de vieux cognac
Quelques feuilles de menthe.

Préparer le crémeux chocolat : dans une casserole, faire bouillir le lait et la crème. Battre les jaunes d'œufs avec le sucre. Y verser la crème et le lait. Reverser le tout dans la casserole et cuire à feu doux en remuant avec une spatule en bois jusqu'à ce que la crème épaississe. Elle ne doit pas bouillir. Verser la crème sur le chocolat préalablement râpé. Mélanger jusqu'à obtention d'une consistance lisse. Verser dans un plat, recouvrir avec un film plastique et laisser refroidir.

Dans une casserole, porter à ébullition 4 cuillerées à soupe d'eau avec le sucre. Verser doucement ce sirop sur les jaunes d'œufs en fouettant. Remettre le tout dans la casserole et cuire à feu doux en remuant avec une spatule jusqu'à ce que la préparation épaississe. Verser dans un récipient puis fouetter jusqu'à complet refroidissement.

Dans un récipient, fouetter vivement la crème fraîche liquide bien froide jusqu'à ce qu'elle double de volume et tienne aux branches du fouet.

Dans la première préparation, ajouter le cognac puis la crème fouettée.

Verser le parfait glacé dans de jolies coupes. Placer 2 ou 3 heures au congélateur puis poser sur le dessus une quenelle de crémeux au chocolat faite avec une cuillère. Décorer avec une feuille de menthe.

6 40 10 180

LA CHARLOTTE

aux marrons glacés et au whisky

100 g de sucre en poudre
4 cuil. à soupe de whisky
30 biscuits à la cuiller
4 feuilles de gélatine
150 g de crème de marrons
50 cl de crème fraîche liquide
1 tablette de chocolat blanc
7 marrons glacés.

Dans une casserole, faire bouillir le sucre, 10 cl d'eau et laisser refroidir. Ajouter le whisky. Couper les biscuits à la cuiller en deux.

Dans un moule ou un cercle à gâteau, tapisser tout le pourtour intérieur du moule ou du cercle de demi-biscuits à la cuiller. Au fond du moule, disposer une couche de biscuits préalablement imbibés de sirop au whisky.

Dans un récipient d'eau froide, faire tremper les feuilles de gélatine. Dix minutes plus tard, les égoutter et les faire fondre 30 secondes au four à micro-ondes dans un petit récipient en plastique. Ajouter la gélatine fondue dans la crème de marrons.

Dans un autre récipient, fouetter vivement la crème fraîche liquide jusqu'à ce qu'elle double de volume et tienne aux branches du fouet. Ajouter la crème fouettée dans la crème de marrons et la gélatine.

Verser cette mousse au marron dans le cercle avec les biscuits à la cuiller. Placer au réfrigérateur pendant 3 heures et démouler.

Décorer le dessus avec des copeaux de chocolat blanc et des marrons glacés.

PETIT GÂTEAU

au chocolat noir et sa crème anglaise au vieil armagnac

6 45 35 180

Préparer le crumble : mélanger le beurre ramolli avec la cassonade. Ajouter la farine puis mélanger à nouveau. Émietter le crumble sur une plaque à four avec une feuille de papier sulfurisé. Cuire 15 minutes à 170 °C (th. 5-6) au four. Sortir du four et laisser refroidir.
Faire bouillir le lait et la crème, verser sur les jaunes fouettés avec le sucre. Remettre le tout dans une casserole et faire cuire en remuant avec une spatule en bois jusqu'à ce que la préparation épaississe. Verser sur le chocolat râpé puis mélanger délicatement. Laisser refroidir.
Dans une casserole, faire bouillir la crème puis la verser sur les jaunes d'œufs battus avec le sucre. Remettre le tout sur le feu puis cuire à feu doux en remuant avec une spatule jusqu'à ce que la préparation épaississe. Verser dans un récipient. Laisser refroidir puis ajouter l'armagnac.
Dans des cercles en métal à petits gâteaux, remplir le cercle avec du crémeux au chocolat aux deux tiers. Placer au réfrigérateur 3 heures puis ôter le cercle en chauffant avec un sèche-cheveux. Disposer 1 cm de crumble sur le dessus.
Au moment de servir, positionner le petit gâteau sur assiette puis accompagner avec de la crème anglaise à l'armagnac.

Le crumble :
50 g de beurre
2 cuil. à soupe de cassonade
60 g de farine.

Le crémeux au chocolat :
15 cl de lait
10 cl de crème fraîche liquide
2 jaunes d'œufs
40 g de sucre en poudre
140 g de chocolat noir à 70 % de cacao.

Pour la crème anglaise au vieil armagnac :
30 cl de crème fraîche liquide
3 jaunes d'œufs
80 g de sucre en poudre
4 cuil. à soupe d'armagnac.

6 25 15 6 h

SOUFFLÉ GLACÉ

au Grand Marnier cuvée grand siècle

250 g de sucre en poudre
6 œufs
30 cl de crème fraîche liquide
10 cl de Grand Marnier cuvée grand siècle
2 cuil. à soupe de cognac
50 g de pralin en grains.

Dans une casserole, faire chauffer 150 g de sucre avec 4 à 5 cuillerées d'eau. Porter à ébullition. Verser sur les jaunes d'œufs puis remettre à nouveau le tout dans la casserole et faire cuire à feu doux jusqu'à ce que la préparation épaississe.
Verser dans un récipient et fouetter à l'aide d'un batteur électrique jusqu'à ce que le mélange double de volume et soit complètement froid.
Dans un autre récipient, battre les blancs en neige en ajoutant progressivement le sucre restant. Ajouter les blancs montés au premier mélange.
Dans un autre récipient, fouetter vivement la crème liquide très froide jusqu'à ce qu'elle double de volume et tienne aux branches du fouet.
Incorporer la crème fouettée à la préparation précédente ainsi que le Grand Marnier et le cognac.
Verser cette préparation dans un moule à soufflé préalablement chemisé de papier sulfurisé pour augmenter sa hauteur.
Congeler pendant au moins 6 heures.
Au moment de servir, décorer le dessus du soufflé glacé avec le pralin en grains.

TABLE DES MATIÈRES

Dépôt légal 4e trim. 2005 - n° 3 036

Imprimé en U.E.